# DISCOURS

## SUR
## LA PARALLAXE
## DE LA LUNE,

*POUR PERFECTIONNER*

## LA THEORIE DE LA LUNE
### ET
## CELLE DE LA TERRE.

*Par M. DE MAUPERTUIS.*

*Haud scio an omnium quæ in cœlo pernosci potuerunt Magistra.*
Plin. de Lunæ Nat. lib. 2.

## À PARIS,
## DE L'IMPRIMERIE ROYALE.

### M. DCCXLI.

A MONSEIGNEUR

# LE COMTE DE MAUREPAS

Miniſtre & Sécrétaire d'Etat de la Marine,
Commandeur des Ordres du Roy.

*MONSEIGNEUR,*

*J'ay cru vous faire ma cour en travaillant à un ouvrage dont l'objet eſt un des plus importants pour*

*l'Astronomie & pour la Navigation.
Je souhaite d'avoir rempli le sujet que
je me suis proposé, d'une maniére
proportionnée au motif qui me l'a
fait entreprendre, ou du moins que
vous receviés cet ouvrage comme une
marque de mon attachement & de
ma reconnoissance.*

*Je suis avec un profond respect,*

MONSEIGNEUR,

Votre très-humble & très-obéissant
serviteur, MAUPERTUIS.

# PRÉFACE.

ON trouvera dans l'Ouvrage ſuivant, des regles pour per-fectionner la Théorie de la Lune & celle de la Terre. On y verra la relation que ces deux Planetes ont entre elles : combien il eſt néceſſaire pour déterminer les lieux de la Lune, de connoître la Figure de la Terre ; & comment les obſervations de la Lune pourroient déterminer cette figure, ſi elle n'étoit pas déterminée.

Je me ſuis fondé, & je crois qu'on peut ſe fonder ſur la Figure de la Terre qui réſulte de la comparaiſon de notre Meſure du Degré du Méridien au Cercle Polaire, & de celle

que M. Picard avoit prife de l'arc
du Méridien entre Paris & Amiens,
corrigée par les obfervations que nous
avons faites fur fon amplitude. Si
cependant quelqu'un vouloit fuivre
d'autres Mefures, toutes les regles
que je donne s'y appliqueroient avec
la même facilité ; & ces Mefures qui
feroient la Terre plus allongée vers
les Poles que les notres ne la font
applatie, rendroient encore nos regles
plus néceffaires. Enfin, on trouvera
dans l'ouvrage fuivant, un moyen
pour décider entre toutes les différentes Mefures, quelles font celles
qui ont fait connoître la vraye Figure
de la Terre.

Toutes les méthodes qu'on a fui-
vies jufqu'ici pour déterminer cette
Figure, font fondées fur la compa-

raiſon de deux Degrés de la Terre l'un avec l'autre ; & ſuppoſent dans tous les degrés intermédiaires, une inégalité proportionnée à celle qu'on trouve entre les deux degrés extrêmes. Cette ſuppoſition eſt ſi légitime, que perſonne encore n'a fait difficulté de l'admettre ; mais ſi quelqu'un la révoquoit en doute, il trouveroit dans l'ouvrage ſuivant, une méthode pour déterminer la Figure de la Terre, qui n'y eſt point aſſujettie.

Cet ouvrage ſe réduit à trois points principaux. 1.° A l'uſage des Meſures de quelques arcs de la ſurface de la Terre pour perfectionner la Géographie & la Navigation. 2.° A l'uſage des Expériences des Pendules pour déterminer les quantités & les directions de la Gravité. 3.° On y verra

comment on doit fe fervir des Dimenfions de la Terre pour perfectionner
la Théorie de la Lune.

Il y a deux méthodes pour parvenir à la connoiffance des Mouvements de la Lune; la première eft de
remonter à leurs caufes, & de recher-
cher par les loix de la Méchanique,
quels ils doivent être: c'eft la méthode
que M. Newton & quelques autres
grands Géometres ont fuivie.

La feconde eft de découvrir par
les obfervations quels font les Mouvements de la Lune, & de tâcher de
réduire fes irrégularités apparentes à
quelque regle: c'eft aux Aftronomes
à nous fournir les obfervations qui
peuvent nous conduire dans cette
recherche; & quelques-uns ont déja
beaucoup avancé un travail auffi utile.

Laquelle de ces deux méthodes qu'on fuive, on ne fçauroit parvenir à la théorie de la Lune que par fes lieux exactement déterminés dans les Cieux : ce font les bafes fur lefquelles cette Théorie fera fondée ; c'eft cette partie que j'ai entreprife, & pour laquelle j'efpere donner dans l'ouvrage fuivant, des regles plus exactes que celles dont on s'eft jufqu'ici fervi.

Mais cette Théorie de la Lune eft-elle une chofe de fi grande importance, & mérite-t-elle tant de travaux & tant de recherches ? Je ferois trop long fi je voulois parcourir ici toutes fes utilités pour l'Aftronomie, & pour l'œconomie univerfelle des Cieux. Il fuffira de dire que la fcience des Longitudes fur Mer en dépend ; & d'expliquer quelle eft la

connexion entre les Longitudes &
cette théorie.

Tout le monde sçait que la différence en longitude de deux lieux de
la Terre, est l'angle que forment les
plans des Méridiens de ces lieux. La
Terre tournant en 24 heures autour
de son axe, d'un mouvement uni-
forme, & présentant au Soleil succes-
sivement les plans de tous les Méridiens, l'angle compris entre deux de
ces plans est donné par le temps qui
s'écoule depuis que le Soleil semble
passer d'un Méridien à l'autre.

Si donc on pouvoit transporter une
Horloge reglée sur le midi de quelque lieu, sans que l'égalité de son
mouvement fût altérée, la différence
qu'on trouveroit entre l'heure mar-
quée par cette Horloge, & l'heure

du lieu où elle arriveroit, donneroit
de la maniére la plus fimple la différence en longitude de ces lieux.

Les Horloges à pendule font des
inftruments fi parfaits, qu'elles peuvent
pendant plufieurs mois conferver
l'heure fur laquelle elles ont été re-
glées. Mais fi elles font capables d'une
fi grande juftefle lorfqu'elles demeu-
rent dans les lieux où elles font, la
caufe même de cette régularité, le
pendule qui les regle, les dérange
continuellement fi on les tranfporte.
Jufqu'ici aucune de celles qui ont
pour principe de leur exactitude le
mouvement d'un pendule, n'a pu
conferver pendant les Voyages une
affés grande égalité dans fon mouvement, pour apporter fidellement
l'heure d'un lieu à un autre. Et toutes

les autres fur qui l'agitation auroit moins d'effet, font par leur conftruc- tion expofées à des irrégularités qui les rendent incapables de conferver l'heure affés exactement, quand même elles ne feroient pas tranfportées.

On peut fuppléer au tranfport des Horloges, en obfervant quelque phé- nomene par le moyen duquel on puiffe comparer les heures auxquelles il eft apperçû dans différents lieux. On a par la différence de ces heures, la différence en longitude de ces lieux.

Les Éclipfes de la Lune & du Soleil font les premiers phénomenes de cette efpece qui fe préfenterent. Mais la rareté de ces Éclipfes, & le peu d'exactitude avec laquelle on avoit autrefois la Mefure du temps, faifoient qu'il n'y avoit qu'un petit nombre de lieux dont la pofition fût connuë, & encore l'étoit-elle affés imparfaitement. La Géographie étoit dans une grande confufion, lorfqu'on découvrit de nouveaux Aftres capables de tout réformer ; ce furent les Satel-lites de Jupiter, dont on fit une fi heu-reufe application aux Longitudes. Au lieu d'un très-petit nombre d'E'clipfes que le Soleil & la Lune préfentoient à nos yeux chaque année, il n'y avoit plus de mois où ces Aftres n'offriffent plufieurs fpectacles de cette efpece. Ils font autour de Jupiter, des révo-lutions fi fréquentes, que tous les jours quelqu'un d'eux s'éclipfe dans l'om-bre de cette Planete, pour reparoître bien-tôt après ; & ces Immerfions & E'merfions font autant de phéno-menes inftantanés, qui déterminent les

Longitudes des lieux où on les obſerve.

Auſſi dans un fort court eſpace de temps, on vit faire à la Géographie de plus grands progrès qu'elle n'en avoit fait pendant un grand nombre de ſiécles. Il ne falloit, comme on voit, que comparer les heures aux-quelles une même Immerſion ou E´merſion de quelque Satellite avoit été obſervée dans les lieux dont on cherchoit la différence en longitude. Mais M. Caſſini rendit la choſe encore plus utile, en conſtruiſant des Tables du mouvement des Satellites, par leſquelles le calcul des Immerſions & E´merſions pour le Méridien de quelque lieu, ſupplée à l'obſervation immédiate qui auroit été faite dans ce lieu, & diſpenſe en quelque ſorte d'une des obſervations.

Il n'y a donc rien à defirer aujour-
d'huy, fi ce n'eft peut-être quelque
précifion fuperfluë, lorfqu'on voudra
déterminer la lóngitude de quelque
lieu fur la Terre. Mais il n'en eft pas
ainfi fur la Mer.

Quoique le Navigateur parti de
quelque Port, fçût par le calcul à
quelle heure le phénomene y eft vû,
pour pouvoir y comparer l'heure à
laquelle ce phénomene eft vû au lieu
où il eft, dont il ignore la fituation,
il faut une obfervation immédiate, &
c'eft ce que l'agitation du Vaiffeau ne
permet point.

La longueur des Lunettes jufqu'ici
néceffaire pour pouvoir obferver les
Immerfions & les E'merfions des Satellites, & la petiteffe du champ de
leur vifion, font qu'à la moindre

agitation du Vaiffeau l'on perd de vûë le Satellite, fuppofé qu'on l'ait pu trouver.

Jufqu'ici l'on a vû que la détermination des Longitudes fur Mer ne dépendoit que de l'un ou de l'autre de ces deux chofes, ou d'une Horloge dont le mouvement ne fût point troublé par l'agitation de la Mer, ou d'une Lunette avec laquelle on pût, malgré cette agitation, obferver les Satellites de Jupiter. L'un ou l'autre de ces deux moyens donneroit fur le champ la longitude au Navigateur le moins habile. Mais il fe trouve dans l'un & l'autre de grandes difficultés. En voici un troifiéme qui dépend de plus de circonftances, mais par lequel je crois qu'il y a beaucoup plus d'efpérance de réuffir.

Il n'y a dans les Cieux aucun phénomene plus ſubit, ni plus facile à
obſerver, que l'Occultation des E'toiles
lorſque la Lune paſſe au-devant d'elles,
& leur Réapparition lorſque la Lune
ceſſe de ſe trouver entr'elles & nous.
On peut obſerver ce phénomene avec
une très-courte Lunette, on peut l'obſerver à la vûë ſimple lorſque l'E'toile
eſt fort brillante, & que la partie
éclairée du diſque de la Lune n'eſt
pas aſſés grande pour la ternir. Mais
il n'eſt pas néceſſaire que la Lune paſſe
préciſément au-devant d'une E'toile
pour marquer un inſtant déterminé.
Le mouvement de cette Planete eſt
ſi rapide, que ſi l'on rapporte ſa ſitua-
tion à deux E'toiles fixes, elle forme
avec ces deux E'toiles un Triangle qui,
changeant continuellement de figure,

peut être pris pour un phénomene inftantané, & déterminer le moment auquel on l'obferve. Il n'y a plus d'heure de la nuit, il n'y a plus d'heure où la Lune & les E'toiles foient vifibles, qui n'offre à nos yeux un tel phéno-mene; & nous pouvons par le choix des E'toiles, par leur pofition & par leur fplendeur, prendre entre tous les Triangles, celui qui fera le phénomene le plus propre pour l'obfervation.

Pour parvenir maintenant à la connoiffance des Longitudes, il faut deux chofes; l'une, qu'on obferve fur Mer avec affés d'exactitude le Triangle formé par la Lune & les deux E'toiles; l'autre qu'on connoiffe affés exacte-ment le mouvement de la Lune pour fçavoir quelle heure marqueroit la Pendule reglée dans le lieu d'où l'on eſt parti, lorſque la Lune forme avec les deux E'toiles le Triangle tel qu'on l'obſerve.

Quant à ce qui regarde l'obſerva-tion, on a ſur Mer aſſés exactement l'heure du lieu où l'on eſt, & par conſéquent l'heure à laquelle elle ſe fait. Depuis quelques années, l'on a un Inſtrument avec lequel on peut, malgré l'agitation du Vaiſſeau, pren-dre les angles entre la Lune & les E'toiles, avec une juſteſſe aſſés grande pour déterminer le Triangle dont nous avons parlé. M. de Fouchy s'eſt appli-qué à le perfectionner; & dans l'état où il eſt, il donne une exactitude aſſés grande pour que cette partie de la méthode ſoit remplie.

La difficulté ſe réduit à la Théorie de la Lune; à connoître aſſés exactement fes diftances & fes mouvements, pour pouvoir calculer à chaque inftant fa pofition dans le Ciel, & déterminer à quel inftant pour tel ou tel lieu le Triangle qu'elle forme avec deux Etoiles fixes, fera tel ou tel.

Nous ne diffimulerons point que c'eft en ceci que confifte la plus grande difficulté. Cet Aftre qui a été donné à la Terre pour Satellite, & qui femble lui promettre les plus grandes utilités, échappe aux ufages que nous en voudrions faire, par les irrégularités de fon cours. Aucunes Tables publiées, n'ont donné jufqu'ici affés exactement les lieux de la Lune, pour pouvoir déterminer la Longitude avec une précifion fuffifante. Cependant fi l'on penfe aux progrès qu'a faits depuis quelque temps la théorie de

la Lune, on ne fçauroit s'empêcher
de croire que le temps eſt proche où
cet Aſtre qui domine ſur la Mer, &
qui en cauſe le Flux & Reflux, enſei-
gnera au Navigateur à s'y conduire.

Quelles que ſoient les cauſes des
irrégularités de ſon mouvement, les
obſervations ont appris qu'après 223
Lunaiſons, c'eſt-à-dire, 223 retours
de la Lune vers le Soleil, les circonſtances du mouvement de la Lune,
redevenant les mêmes par rapport au
Soleil & à la Terre, ramenent dans
ſon cours les mêmes irrégularités qu'on
y avoit obſervées 18 ans auparavant.
Une ſuite d'obſervations continuées
pendant une telle période avec aſſés
d'aſſiduité & d'exactitude, donnera
donc le mouvement de la Lune pour
les périodes ſuivantes.

b iij

Ce travail ſi long & ſi pénible d'une période entiére bien remplie d'obſervations, fut entrepris par M. Halley, lorſqu'il étoit déja dans un âge ſi avancé, qu'il ne ſe flattoit plus de le pouvoir terminer. Ce grand & courageux Aſtronome nous avertit que n'étant encore qu'à la fin d'une autre période qui ne contient que 111 Lunaiſons, & qui ne donne pas ſi exactement que celle de 223, le retour des mêmes inégalités, il pouvoit déja déterminer ſur Mer la Longitude, à 20 lieuës près vers l'Eʹquateur, à 15 lieuës près dans nos Climats, & plus exactement encore, plus près des Poles. On ſent quelle eſt l'autorité d'un homme qui a joint au plus profond ſçavoir dans l'Aſtronomie, toute la pratique de la Navigation. Jaloux de

ſes obſervations, ou voulant peut-être
les réſerver toutes pour ſa Nation, il
ne les a point publiées.

Mais on n'aura rien à deſirer, &
l'on aura l'ouvrage le plus utile pour
les Longitudes, ſi le travail qu'a entrepris M. le Monnier, s'accomplit.
Depuis qu'il s'eſt attaché à la Théorie
de la Lune, il a fait un ſi grand nombre d'excellentes obſervations, qu'on
ne ſçauroit eſpérer de voir cette partie
de la période mieux remplie; & le
dernier ſuccès de ce travail ne dépend
plus que de ſa vie & de ſa ſanté. Et
comme il eſt néceſſaire que la ſitua-
tion des Étoiles fixes qui doivent former le Triangle avec la Lune, ſoit bien
connuë, il a déja déterminé les déclinaiſons & les aſcenſions droites de
pluſieurs, avec l'exactitude qu'on ſçait

b iiij

qu'il apporte dans l'Aftronomie.

Il faut avouer que la méthode que nous propofons pour les Longitudes, demandera plus de fcience & de foin qu'il n'en eût fallu, fi l'on eût pu trouver des Horloges qui confervaffent fur Mer l'égalité de leur mouvement, ou des Lunettes avec lefquelles on pût obferver fur Mer les Satellites. Mais ce fera aux Mathématiciens à fe charger de la peine des calculs: & pourvû qu'on ait les éléments fur lefquels la méthode eft fondée, l'on pourra par des Tables ou des Inftruments, réduire à une grande facilité la pratique d'une théorie difficile.

Cependant la prudence voudra qu'au commencement on ne faffe qu'un ufage fort circonfpect de ces Inftruments ou de ces Tables; & qu'en s'en fervant on ne néglige aucune des autres pratiques par lefquelles on eftime la Longitude fur Mer. Un long ufage en fera connoître la fûreté. On ne s'eft fans doute fervi qu'en tremblant des Inftruments les plus fimples de la Navigation, lorfqu'on leur a confié fa vie pour la premiére fois.

Si la Lune étoit beaucoup plus éloignée de la Terre, ou fi la Terre étoit beaucoup plus petite qu'elle n'eft, dans quelque lieu que fût placé celui qui obferve la Lune, il la verroit au même point des Cieux; & les lieux vrais, & les lieux obfervés feroient les mêmes. Mais la groffeur de la Terre & la proximité de la Lune, font qu'elle eft vûë dans différents lieux du Ciel, felon les lieux de la Terre où eft placé celui qui l'obferve.

Les méthodes que je donne dans l'ouvrage suivant, serviront à réduire plus exactement qu'on ne l'a fait jusqu'ici, ces lieux les uns aux autres. Si la théorie de la Lune donne ses lieux par rapport au centre de la Terre, nos méthodes serviront à déterminer pour chaque point de la surface de la Terre, les lieux où l'Observateur la verra, & par conséquent le Triangle qu'elle formera avec les Étoiles. Si au contraire on a les lieux observés de la Lune, nos méthodes les réduiront aux lieux vrais, & serviront à former une théorie exacte.

On verra dans cet ouvrage, de quelle utilité il seroit pour la perfection de la théorie de la Lune, qu'on eût des observations de cet Astre, faites en même temps dans les lieux les plus éloignés.

Je n'ai plus qu'un mot à dire sur cet ouvrage. L'exactitude qu'on y propofe eft-elle néceffaire, ou n'eft-elle qu'une exactitude fuperfluë? N'y pouffons-nous point la fpéculation au de-là des befoins de la pratique, ou même au de-là de ce que la pratique peut atteindre? Quelqu'étrange qu'il paroiffe de juftifier la précifion dans des Sciences qui ont la précifion pour objet, j'ai vû fi fouvent attaquer nos Recherches par de tels difcours, que je crois devoir y répondre.

Quand il feroit vrai que pour les befoins actuels, ce fût affés qu'il fe trouvât entre tous les moyens dont on fe fert, une précifion proportionnée, on ne doit pas borner la perfection de ces moyens à l'état préfent : on doit regarder la Science comme un

E'difice auquel tous les Scavants tra-
vaillent en commun. Chacun attaché
à quelque partie, travaille à la perfection du tout : & si quelques-uns,
placés peut-être aux endroits les
plus difficiles, ont moins avancé leur
ouvrage, cela ne doit ni arrêter, ni
rallentir l'ouvrage des autres.

Mais il y a une réponse plus directe
à faire à l'objection précédente, c'est
que la pratique de l'Astronomie est
aujourd'hui poussée à un si haut point
de perfection, qu'elle a besoin des
méthodes les plus exactes ; & que loin
qu'il soit à craindre que l'exactitude
de notre théorie surpasse ni l'exactitude des Instruments, ni l'adresse des
Observateurs, la précision dans cette
partie a prévenu & surpassé celle que
nous proposons ; puisqu'il y a des cas

où, déterminant les lieux de la Lune par les autres méthodes, les erreurs qu'on commettroit, feroient huit ou dix fois plus grandes que celles des obſervations.

La Théorie de la Lune eſt ſi importante, qu'on ne ſçauroit employer trop de ſoin pour y parvenir. Il faut penſer que c'eſt avoir fait quelque choſe de grand, que d'avoir fait une petite partie d'une grande choſe. Cet ouvrage ne s'achevera qu'avec le temps, & par des degrés inſenſibles. Il ſemble qu'il en ſoit des progrès de l'Eſprit dans nos Recherches, comme du mouvement des Corps dans la Méchanique: leur vîteſſe eſt toûjours d'autant moindre que leur poids eſt plus grand.

Pour n'obmettre rien des utilités

qu'on doit retirer de notre Mesure de la Terre, j'avois dessein de l'appliquer à la Navigation, & de donner des méthodes pour diviser *le Méridien Nautique,* & pour construire *les Cartes Réduites ;* mais un sçavant Géometre Anglois m'a prévenu par un ouvrage qui va paroître dans notre langue. J'en suis dédommagé par l'honneur qu'il fait à nos Mesures, & par la satisfaction que j'ai de voir qu'une Nation aussi éclairée que la sienne en fasse déja usage pour perfectionner sa Navigation.

# TABLE DES TITRES
## Contenus dans ce Volume.

DISCOURS

# DISCOURS
## SUR
## LA PARALLAXE
## DE LA LUNE,

Pour perfectionner la théorie de la
Lune & celle de la Terre.

---

## §. I.

*Utilités dont est la connoissance de la*
*Figure de la Terre.*

A connoissance de la Figure de
la Terre est aussi nécessaire pour
déterminer les distances & les
grosseurs des autres Astres, qu'elle l'est

A

pour déterminer fur notre Globe, les diftances des lieux dont on ne connoît que la Latitude & la Longitude. Toutes les dimenfions du fyfteme Solaire ne font fondées que fur celles de la Terre; c'eft le diametre de la Terre qui leur fert à toutes de mefure commune.

Et quand on voudroit rapporter les diftances & les groffeurs des différents Corps céleftes au diametre du Soleil ou de quelqu'autre Planete; pour connoître entiérement ces dimenfions, il faudroit toûjours en revenir à celle de la Terre, qui eft la feule Planete dont nous ayons la mefure abfoluë.

C'eft fans doute pour cela que les plus anciens Aftronomes ont tant fait de ten-tatives fur la Mefure de la Terre. Dès les commencements de l'Aftronomie, on a vû que cette recherche étoit auffi utile pour la connoiffance générale de l'Uni-vers, qu'elle l'étoit pour la connoiffance particuliére de la Planete que nous habi-tons.

Mais si des déterminations grossiéres de la Figure de la Terre, suffisoient aux anciens Philosophes, les connoissances qu'on a aujourd'hui, font desirer des Mesures plus exactes : lorsqu'une partie de nos connoissances se perfectionne, les autres doivent recevoir de nouveaux degrés de perfection.

Si, par exemple, on n'avoit pas eu dans ces derniers temps, des Mesures de la Terre plus exactes que celles qu'avoient les Anciens, on ne seroit pas parvenu à comparer la Pesanteur qui fait tomber les Corps vers la surface de la Terre, avec la Force qui retient la Lune dans son Orbite ; on n'auroit pas découvert que ces deux Forces n'étoient que la même.

Car pour comparer ces forces, il falloit connoître les espaces que chacune pouvoit, dans un même temps, faire parcourir à un corps qui feroit livré à elle feule. L'un de ces efpaces fe connoît par le temps qu'employe un Pendule d'une longueur donnée, à faire fes ofcillations; car on fçait par-là de quelle hauteur un corps placé vers la furface de la Terre, tombe dans un temps donné. L'autre efpace eft celui que la Force qui retient la Lune dans fon Orbite, lui feroit parcourir, fi elle perdoit tout fon mouvement, & n'éprouvoit plus que l'action de cette force. Cet efpace fe connoît par l'arc que la Lune décrit pendant ce même temps; car la Lune tendant continuellement à décrire la tangente de fon Orbite, la flèche de l'arc qu'elle décrit, eft l'efpace dont la Force qui la tire la fait tomber vers la Terre. Or pour pouvoir comparer cette flèche à l'efpace contemporain dont la Pefanteur fait tomber les corps près de la furface de la Terre, il ne fuffit pas d'avoir la diftance de la Lune à la Terre,

évaluée en diametres de la Terre, il faut
avoir la longueur abſoluë de cette diſtance,
réduite aux mêmes meſures que celles de
la longueur du Pendule.

On voit par cet exemple, qu'il ne
ſuffit pas de connoître le rapport des différentes dimenſions des Corps céleſtes,
mais qu'il y a des occaſions où il en faut
avoir les meſures abſoluës. Et plus la
Phyſique céleſte ſe perfectionnera, & plus
on en ſentira la néceſſité.

Tout le monde ſçait combien la détermination de la Figure de la Terre eſt
utile pour la Géographie, & par conſéquent pour la Navigation, qui eſt une
partie de la Géographie. Mais la détermination de la Figure de la Terre peut
avoir d'autres utilités très - grandes, &
qu'on ne ſoupçonneroit pas d'abord.

L'une de ces utilités, c'eſt que par la
connoiſſance de la Figure de la Terre,
on peut déterminer les points vers leſquels

tend la Pefanteur, & même la Gravité primitive dans les différents lieux de la Terre.

Les regles de l'Hydroftatique appren-
nent que dans chaque lieu de la Terre,
la Pefanteur agit perpendiculairement à
fa furface ; ainfi pour avoir les directions
de la Pefanteur fur la Terre, il n'eft quef-
tion que d'avoir celles des perpendiculaires
au Méridien, elles déterminent la direction de la Pefanteur dans chaque lieu.

Mais la Terre ayant un mouvement
de révolution autour de fon axe, chaque
partie dont elle eft formée, a acquis par
ce mouvement une Force centrifuge qui
tend à l'écarter du centre de fa révolution : cette force fe trouve donc combi-
née dans la Pefanteur lorfqu'on l'éprouve
par des expériences fur la furface de la
Terre, & en a changé la direction. On
peut appeller *Gravité*, la Pefanteur non
altérée, pour la diftinguer de la Pefanteur
telle que nous l'éprouvons.

Or la Figure de la Terre étant déterminée, le rapport de la Force centrifuge
à la Pesanteur sous l'Équateur étant connu,
& le rapport des Pesanteurs en différents
lieux de la Terre, étant donné par les
expériences des Pendules, on peut déterminer pour chaque lieu la direction de
la Pesanteur, celle de la Gravité, & la
quantité de la Gravité.

Cette recherche est de si grande importance, qu'elle peut conduire à la connoissance de la Force qui meut & dirige
tous les Corps de l'Univers, & nous faire
découvrir sa nature & ses loix.

Si au contraire cette Force étoit assés
connuë, on pourroit peut-être par le
moyen de ses quantités & de ses directions, parvenir à des choses qui paroissent
ensévelies dans de profondes ténébres, &
découvrir quelque chose de la constitution intérieure de la Terre.

Cette méthode de philosopher, paroît

plus sûre que celle qu'on a employée jusqu'ici, lorsqu'on a entrepris de déterminer la Figure de la Terre par les loix d'une
Gravité qui n'est peut-être pas encore assés
connuë, & par la constitution intérieure
de la Terre, qui est totalement ignorée.

Il paroît au contraire qu'il falloit
chercher par les expériences tout ce qui
pouvoit donner quelque lumiére sur ces
choses ; & ces expériences, outre celles
des Pendules, étoient les Mesures de la
Terre, soit par des méthodes semblables
à celles dont nous nous sommes servi
en Lapponie, soit par la méthode que je
proposerai ici.

Enfin la derniére utilité dont est la
détermination de la Figure de la Terre,
consiste dans le rapport qu'a cette Figure
avec les distances de la Lune à la Terre,
& avec les angles sous lesquels différents
Observateurs placés sur la Terre, voyent
la Lune. On peut juger par-là combien la

connoiſſance de la Figure de la Terre eſt utile pour perfectionner la théorie de la Lune, qui eſt aujourd'hui la choſe la plus importante qui reſte à découvrir dans l'Aſtronomie, & dont dépend la connoiſſance des Longitudes ſur Mer.

Nous croirons donc avoir fait quelque choſe qui pourra contribuer à l'avancement de la théorie de la Lune, ſi nous donnons ici des méthodes par leſquelles on puiſſe meſurer les diſtances de la Lune à la Terre avec plus d'exactitude, & déterminer l'Orbite de la Lune, avec plus de préciſion qu'on ne l'a fait juſqu'ici.

On ne ſçauroit ſe flater d'avoir la théorie de la Lune, ſans un grand nombre de lieux de la Lune, déterminés dans les Cieux le plus exactement qu'il ſera poſſible : ce ſont ces points qui feront découvrir cette théorie, ou qui ſerviront à la confirmer.

Or on ne ſçauroit déterminer avec

exactitude les vrais lieux de la Lune, sans la connoissance de la Figure de la Terre.

## §. I I.

### *Ce que c'est que la Parallaxe.*

LES Etoiles fixes sont placées à un si grand éloignement, que de quelque lieu de la Terre qu'on les observe, chacune paroît toûjours dans le même point du Ciel, ou plûtôt dans la même ligne droite: cet éloignement est si prodigieux, que quoique la Terre se meuve dans une Ellipse immense, & que par conséquent elle se trouve en des lieux du Ciel fort différents en différentes saisons de l'année, si de ces différents lieux on observe quelqu'Etoile fixe, on la voit toûjours dans la même ligne droite, pourvû qu'on fasse aux directions dans lesquelles on la voit, deux corrections, l'une pour la Précession des E'quinoxes, par laquelle toutes les

E'toiles paroiſſant ſe mouvoir autour des
Poles de l'E'cliptique, leurs déclinaiſons
& leurs aſcenſions droites ſont altérées,
chacune d'une quantité connuë : l'autre
correction néceſſaire, eſt celle de l'*Aber-*
*ration de la Lumiére.* Cette Aberration, qui
n'a été découverte que depuis peu d'années
par le célébre Aſtronome M. Bradley, eſt
une altération apparente dans la déclinaiſon & l'aſcenſion droite de chaque E'toile
pendant le cours de l'année. M. Bradley
a découvert les loix & la quantité de cette
altération, & a fait voir qu'elle n'étoit
produite que par la vîteſſe avec laquelle
la lumiére de l'E'toile vient à nous, com-
binée avec la vîteſſe de la Terre dans
ſon Orbite. Ces deux mouvements de la
Terre & de la Lumiére, font que nous
ne voyons pas préciſément l'E'toile dans
la direction d'où elle a lancé ſa lumiére ;
& ſelon que la direction du mouvement
de la Terre, conſpire, ou eſt contraire à

la direction du mouvement de la lumiére, on voit l'Etoile en différents lieux.

Je ne parle point ici d'un autre mouvement bien moins perceptible que les deux précédents, dont M. Bradley m'a parlé dans quelques lettres qu'il m'a fait l'honneur de m'écrire. Presque aussi-tôt que M. Bradley a découvert ce mouvement, ou plûtôt l'apparence de ce mouvement, il en a soupçonné la cause; & selon ce qu'il m'a écrit, toutes les observations confirment ses premiers soupçons, & en font une théorie. Mais quel que soit ce mouvement, qu'il ne seroit pas juste que le Public connût par un autre que celui qui en a fait la découverte, il suffit de dire ici qu'il ne dépend pas plus que les deux premiers, des différents lieux où se trouve la Terre pendant sa révolution autour du Soleil.

Tout cela prouve que le globe de la Terre n'est qu'un point par rapport à la

diſtance de la Terre aux Etoiles fixes,
du moins à celles des Etoiles fixes qu'on
a obſervées ; & que la vaſte Orbite que
décrit la Terre autour du Soleil, n'eſt
qu'un point elle-même par rapport à cette
diſtance.

Il n'en eſt pas ainſi lorſqu'on obſerve
quelqu'Aſtre voiſin de la Terre : dès que
ſa diſtance eſt comparable avec notre
globe, on remarque des variétés dans la
poſition de la ligne ſelon laquelle on le
voit. Si deux Obſervateurs placés dans
différents lieux de la Terre, obſervent
la Lune en même temps, les deux lignes
dans leſquelles ils la voyent, ſont incli-
nées l'une à l'autre, & vont ſe rencontrer
à la Lune.

Si l'on ſuppoſe un Obſervateur placé
au centre de la Terre, qui obſerve la Lune
dans le même moment auquel un autre
placé ſur la ſurface de la Terre, l'obſerve
auſſi, les deux lignes dans leſquelles ils

la voyent, vont fe couper au centre de la Lune, & y former un angle qu'on appelle la *Parallaxe de la Lune.*

Pourvû que l'Obfervateur qui eft fur la furface, ne fe trouve pas placé directement dans la ligne droite qui joint les centres de la Terre & de la Lune, il y aura toûjours une Parallaxe & un *Triangle Parallactique.* Voici ce que c'eft que ce Triangle : Imaginés trois lignes, la premiére tirée du centre de la Terre à la Lune, la feconde de la Lune au point de la furface de la Terre où eft placé l'Obfervateur, la troifiéme de ce point de la furface au centre de la Terre : ces trois lignes forment un Triangle dont le petit angle eft la Parallaxe de la Lune ; & comme le demi-diametre de la Terre fert de bafe à cet angle, fi tous les angles du Triangle font connus, on aura la diftance de la Terre à la Lune en demi-diametres de la Terre.

Mais si l'Observateur voit la Lune dans l'horison, pendant qu'on suppose l'autre placé au centre de la Terre, l'angle que forment les deux lignes dans lesquelles ils voyent la Lune, est la *Parallaxe horisontale ;* alors le Triangle Parallactique est rectangle, & son angle droit est dans la surface de la Terre.

On peut entendre la même chose de tous les autres Astres qui ont une Parallaxe : cette Parallaxe donne leur distance à la Terre, & leur distance donne leur grosseur, mais le tout en demi-diametres de la Terre : & pour avoir les distances & les grosseurs absoluës, il faut connoître le diametre de la Terre, que nous considérons jusqu'ici comme un globe.

On voit par-là que la Parallaxe des Astres est le fondement de toute l'Astronomie, & ce qui conduit à la connoissance de toute l'œconomie des Cieux. Mais je me borne à ce qui regarde la

Lune, d'autant plus qu'on peut appliquer facilement tout ce que j'en dirai, aux autres Aftres.

Jufqu'ici j'ai fuppofé que la Terre étoit parfaitement fphérique. Mais fi elle ne l'eft pas, il eft clair que tous fes demi-diametres ne feront plus égaux, & que felon la latitude des lieux où fera placé l'Obfervateur, le demi-diametre de la Terre qui fert de bafe à la Parallaxe, fera différent, & qu'il faudra avoir égard à cette différence dans tout ce qui regarde le Triangle Parallactique.

La Terre étant un Sphéroïde applati vers les Poles, aux mêmes diftances de la Lune à la Terre, les Parallaxes horifontales vont en croiffant du Pole à l'Equateur ; & fi la Terre avoit une figure oppofée, fi elle étoit un Sphéroïde allongé, ces Parallaxes croîtroient de l'Equateur au Pole.

Je n'examine point fi les déterminations qu'on

qu'on a euës jufqu'ici de la Parallaxe,
étoient affés exactes pour mériter qu'on
eût égard aux différences qu'y produit
l'inégalité des demi-diametres de la Terre,
ou pour faire appercevoir cette inégalité.

Jufqu'ici cet élément fondamental de
toute l'Aftronomie, n'a été connu ni avec
l'exactitude qu'il mérite, ni avec celle qui
étoit poffible ; & n'étant connu qu'imparfaitement, on n'a pu l'appliquer à tous
les ufages auxquels il pouvoit être utile.

M. Newton avoit propofé de faire
entrer l'inégalité des demi-diametres de
la Terre dans la confidération des Parallaxes de la Lune, & dans le calcul des
Eclipfes. D'après la Figure de la Terre
qu'il avoit déterminée, il nous a donné
quelques-unes des Parallaxes horifontales. Mais fi l'on confidere les erreurs
auxquelles font fujettes les Parallaxes de
la Lune, déterminées par les méthodes
ordinaires, on verra que les différences

que M. Newton nous a données pour ces Parallaxes, ne peuvent guére nous être utiles.

M. Newton croyoit cependant qu'on pouvoit découvrir par-là quelle est la Figure de la Terre. Mais je doute que la chose fût possible, si l'on vouloit faire usage des Parallaxes horisontales déterminées par les méthodes ordinaires. M. Manfredi avoit entrepris aussi de se servir des Parallaxes de la Lune pour découvrir la Figure de la Terre *; mais malgré toute l'estime que j'ai pour la mémoire de ce sçavant Astronome, la méthode qu'il propose est si embarrassée & si dépendante d'éléments suspects, que je doute qu'on en puisse jamais tirer grande utilité. Aussi M. Manfredi lui-même ne la croyoit-il propre à découvrir l'allongement ou l'applatissement de la Terre, qu'en cas que la Terre se fût écartée de

* *Mem. de l'Acad. 1734.*

la figure fphérique, autant que le fuppo-
foit la figure allongée vers les Poles, que
lui donnoit M. Caffini.

Après tout ce qu'on a fait pour perfectionner l'Aftronomie, il eft étonnant
qu'on n'ait pas entrepris avec plus d'ar-
deur ou plus de fuccès , de déterminer
exactement la Parallaxe de la Lune.

La maniére la plus fûre feroit d'obferver de deux lieux de la Terre, fitués
fur le même Méridien , & féparés d'un
affés grand arc, la diftance en déclinaifon,
de la Lune à une même E'toile.

On peut s'affûrer avec la derniére précifion, que les Obfervateurs font placés
fur le même Méridien ; car le mouvement de la Lune eft fi rapide, que fa
diftance en afcenfion droite d'une même
E'toile, n'eft la même que pour les lieux
fitués précifément fur le même Méridien,
& que la moindre différence entre les
Méridiens feroit fenfible par les diffé-

rences qui se trouveroient dans les temps écoulés entre les passages au Méridien de l'Etoile & de la Lune.

On peut s'assûrer aussi d'avoir avec une très-grande précision les distances en déclinaison entre une Etoile & la Lune, ces observations se faisant avec le Micrometre. *La somme ou la différence de ces distances, est la Parallaxe de la Lune, qui a pour base l'arc du Méridien qui sépare les Observateurs.*

Il est vrai que pour placer des Observateurs précisément sur un même Méridien, il faudroit faire d'abord quelques tentatives : la chose est assés importante pour mériter qu'on en fasse. Mais, quand il se trouveroit quelque différence en longitude entre les lieux des Observateurs, & quand entre leurs observations, la Lune auroit eu quelque mouvement en déclinaison, on pourroit en observant ce mouvement, en tenir compte.

La Parallaxe étant déterminée, on

en peut déduire tout ce qui concerne la comparaison des dimensions de la Terre avec les distances de la Lune.

---

## §. III.

### *Dimensions Géographiques.*

SOIT la Terre un Sphéroïde applati,

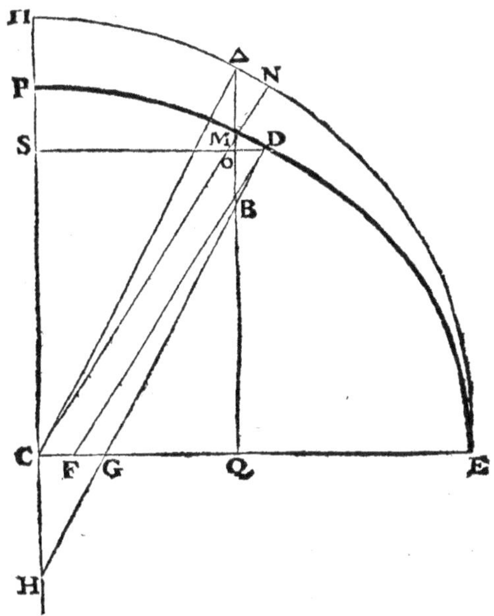

formé par la révolution d'une Ellipse, dont *E D P* est le quart, autour de son petit axe, qui differe fort peu du grand qui eſt le diametre de l'Équateur.

Soit décrit autour de cet Ellipſoïde le globe $E \Delta \Pi$, qui ait le même Équateur; on ſçait que ſi d'un point $D$ de l'Ellipſoïde, on tire la ligne $DG$, perpendiculaire au Méridien en $D$, le rayon du globe, tiré de $C$ parallelement à la ligne $DG$, déterminera ſur le globe le point $\Delta$, qui a la même latitude que le point $D$ ſur l'Ellipſoïde.

Soient tirées du point $\Delta$ la droite $\Delta Q$, parallele à l'axe; du point $D$ la droite $DS$, qui lui ſoit perpendiculaire; du point $C$ par le point $M$, où l'ordonnée du cercle rencontre l'Ellipſe, la droite $CN$; & ſoit prolongée la perpendiculaire à l'Ellipſe $DG$, juſqu'à ce qu'elle rencontre l'axe en $H$.

Soit $CE = r$

$P\Pi = \delta$

$Q\Delta = s$, ſinus de latitude,

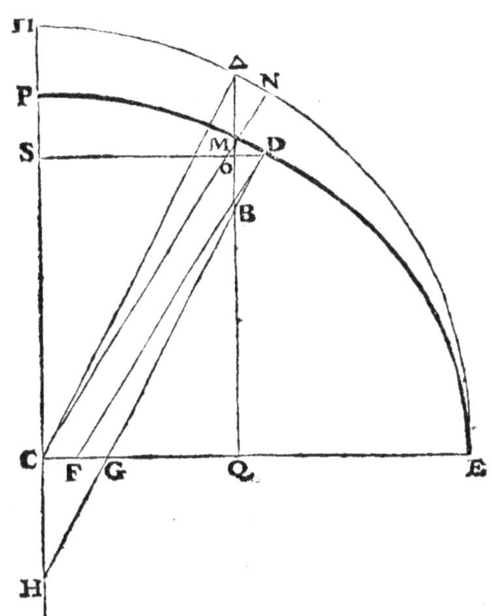

$CQ = c$, cofinus de latitude.

On aura $M\Delta = \dfrac{s\partial}{r}$

$$MN = \frac{ss\partial}{rr}$$

$$N\Delta = \frac{cs\partial}{rr}$$

$$DO = \frac{css\partial}{r^3}$$

$$MO = \frac{ccs\partial}{r^3}$$

$$OB = \frac{s^3\partial}{r^3}.$$

B iiij

Donc $MB = MO + OB = M\Delta$,

$\qquad N\Delta = MD$, & $MN = BD$,

$$CG = \frac{2c\delta}{r}$$

$$CH = \frac{2s\delta}{r}$$

$$GH = 2\delta.$$

On voit facilement que pour une latitude donnée, le degré du Méridien sur l'Ellipsoïde est égal au degré décrit du rayon $CM$, auquel il faut ajoûter le petit arc $2\Delta N$, qui répond au degré qu'on cherche, & dont il faut retrancher le petit arc $2\Delta'N'$, qui répond au degré suivant. Prenant donc $G$ pour le degré du globe $E\Delta\Pi$, & le rapport de $r$ à $g$ pour celui du rayon au degré, l'on aura pour le degré du Méridien de l'Ellipsoïde, $G - \frac{g}{r}$ $MN + 2\Delta N - 2\Delta'N'$; c'est-à-dire, prenant $s$ & $c$ pour les sinus & cosinus du degré qu'on cherche, & $s'$ & $c'$ pour les sinus & cosinus du degré suivant, on a

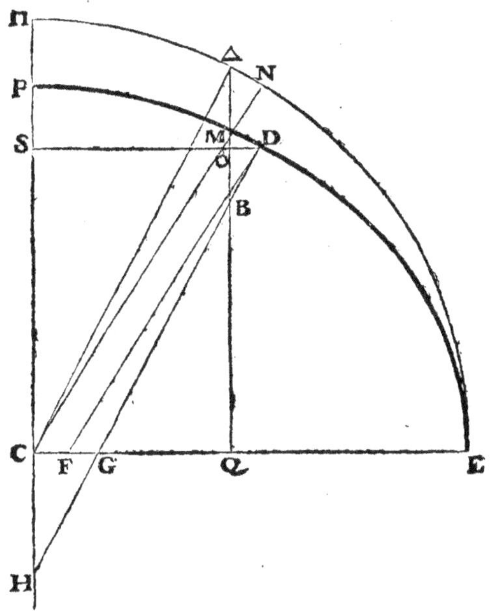

$$G - \frac{g s s \mathcal{S}}{r^3} + \frac{2 c s \mathcal{S}}{r r} - \frac{2 c' s' \mathcal{S}}{r r}.$$

Ayant donc la mesure de deux degrés
du Méridien sur la Terre à différentes latitudes, on déterminera la Figure de la
Terre qui en résulte, par deux E'quations,
dont l'une étant retranchée de l'autre, on
aura la valeur de $\mathcal{S}$, qui donne ensuite
la grandeur du degré & du rayon du globe,
la figure de l'Ellipsoïde, & la longueur
de tous ses degrés.

On peut encore déterminer la Figure
de la Terre d'une autre maniére, ayant
la mesure de deux degrés du Méridien à
différentes latitudes ; car chaque degré du
Méridien de l'Ellipsoïde est le degré du
cercle osculateur de l'Ellipse pour cette
latitude ; & le rayon osculateur de l'Ellipse étant égal au cube de la Normale $DG$
de l'Ellipse divisé par le quarré du Para-
metre, on a pour notre Ellipse le Rayon
osculateur $= (DG)^3 : \frac{(CP)^4}{(CE)^2} = r - 2\delta$
$+ \frac{3ss\delta}{rr}$. On peut donc, avec les deux
degrés connus, que je suppose $M$ & $m$,
& les sinus $S$ & $s$, faire deux Équations,
dont l'une étant retranchée de l'autre, on
aura la valeur de $\delta = \frac{r^3(M-m)}{3M(SS-ss)}$ ;
qui donne ensuite le rayon du globe &
la figure de l'Ellipsoïde.

Et si l'un des degrés dont on a la
mesure est pris à l'Équateur, on a $M - m$
$= \frac{3mSS.\delta}{r^3}$. Ce qui rend la construc-

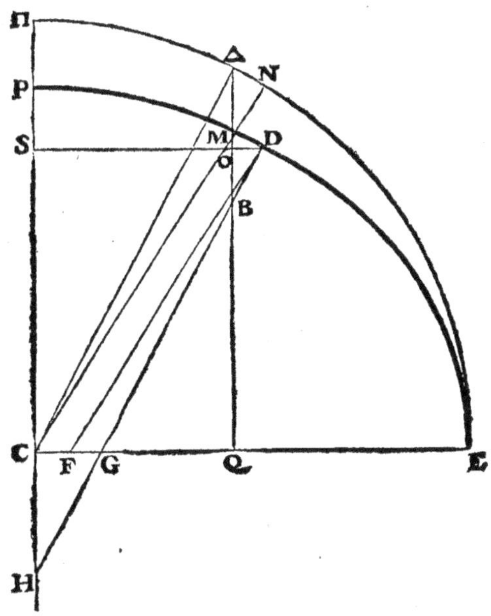

tion de la Table des degrés du Méridien,
fort facile.

Si l'on fait $gss = 2rcs - 2rc's'$,

ou $r - 2\delta + \dfrac{3ss\delta}{rr} = r$, on trouve

fur l'Ellipſoïde, le lieu où le degré du
Méridien eſt égal à celui du Globe ; &
ce lieu eſt celui dont le ſinus de latitude
eſt $= r\sqrt{\tfrac{2}{3}}$, c'eſt-à-dire, celui qui eſt placé
vers le 5 5.ᵉ degré de latitude.

Comme la quantité $DO = \frac{css\partial}{r^3}$ eſt la différence du rayon du cercle parallele à l'Équateur ſur l'Ellipſoïde, au rayon du Parallele à l'Équateur ſur le Globe à la même latitude ; ſi au lieu d'avoir deux degrés du Méridien, on avoit deux degrés de longitude, on en pourroit facilement déduire à peu-près comme ci-deſſus, la valeur de $\partial$ & la Figure de la Terre. Et cette valeur de $\partial$ une fois déterminée, ſoit ainſi, ſoit par les moyens précédents, on a facilement la longueur de tous les degrés de longitude.

---

## §. I V.

### *Dimenſions pour la Gravité.*

LEs calculs précédents nous ayant donné toutes les dimenſions de la Terre, on peut s'en ſervir pour trouver les points vers leſquels tend la Peſanteur dans les

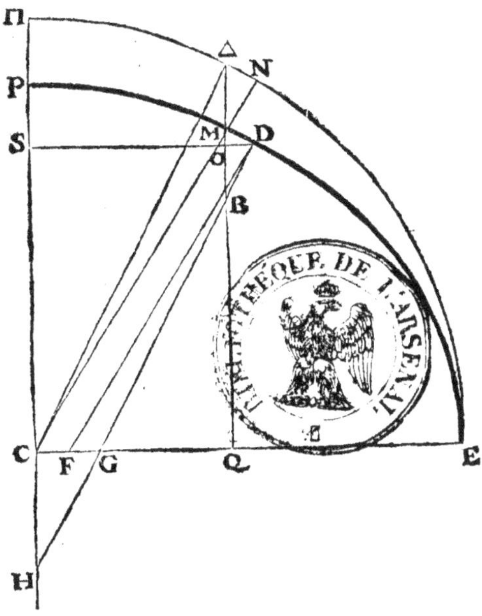

différents lieux de la Terre, ou les lignes
$CG$, distances du centre de la Terre aux
points où les perpendiculaires $DG$ ren-
contrent le diametre de l'Équateur.

On peut facilement aussi déterminer
les points vers lesquels tend la Gravité,
ou les lignes $CF$, & les petits angles $GDF$,
que forment les directions de la Pesanteur avec celles de la Gravité.

Car soit la Pesanteur en $D = P$, la

force centrifuge sur l'Équateur, dont on connoît le rapport avec la Pesanteur, $= F$, on aura la force centrifuge en $D$

$$= \frac{DS}{CE} \times F.$$

Et à cause que $P : \frac{DS}{CE} \times F :: DG : GF$,

on aura $GF = DS \times \dfrac{F}{P}$, &

$$GF = c \times \frac{F}{P},$$

$$CF = \frac{2cd}{\gamma} - c \times \frac{F}{P}.$$

Et l'angle $GDF = \dfrac{cs \cdot F}{\gamma\gamma \cdot P}$.

## §. V.

### *Dimensions pour les Parallaxes.*

PRenant pour la Terre l'Ellipsoïde $EDP$, on peut estimer de quatre maniéres la Parallaxe horisontale de la Lune. 1.° Pendant qu'un Observateur est placé sur la surface de la Terre dans un point $D$,

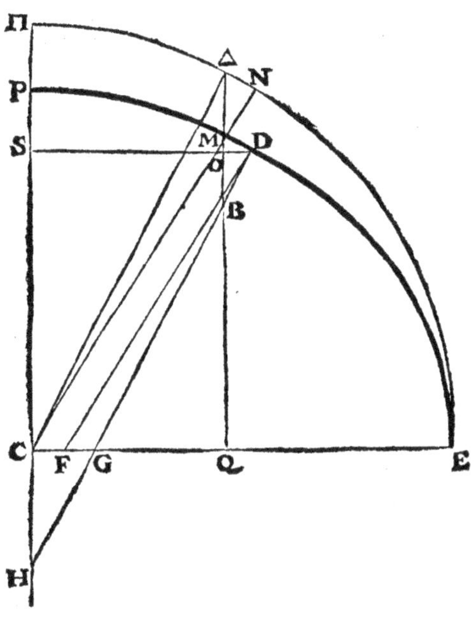

on peut supposer l'autre placé au centre.
2.° On peut le supposer placé au centre du
cercle osculateur de la Terre au point *D*.
3.° On peut le supposer placé au point où
la Verticale du point *D* rencontre l'axe
de la Terre. 4.° Enfin on peut le supposer
placé au point où la Verticale du point *D*
rencontre le diametre de l'Équateur. Les
lignes qui servent de bases aux Parallaxes
seront donc

$$\text{La } 1.^{\text{ere}} = r - \frac{ss\,\mathrm{d}}{rr}.$$

$$\text{La } 2.^{\text{de}} = r - 2\,\mathrm{d} + \frac{3ss\,\mathrm{d}}{rr}.$$

$$\text{La } 3.^{\text{me}} = r + \frac{ss\,\mathrm{d}}{rr}.$$

$$\text{La } 4.^{\text{me}} = r - 2\,\mathrm{d} + \frac{ss\,\mathrm{d}}{rr}.$$

Il est facile par-là de calculer toutes les différentes Parallaxes; & l'on verra quelles font les différences qui se trouvent entre les lignes qui servent de bases aux Parallaxes horisontales, ou quelles font les différences que l'inégalité de ces bases produit dans les Parallaxes. Et l'on peut juger par-là combien il est néceſſaire d'avoir égard à ces différences lorsqu'on veut déterminer avec précision les distances de la Lune à la Terre, & toutes les autres distances des Aſtres.

Mais pour tirer toute l'utilité de ces calculs, & pour n'avoir plus rien à desirer sur la Parallaxe de la Lune, il faudroit avoir une de ces Parallaxes bien déterminée.

Et l'on

Et l'on ne fçauroit parvenir ni afpirer à
une plus grande exactitude, qu'en déterminant la Parallaxe, comme nous avons
dit § II.

L'utilité dont peuvent être ces chofes,
nous a fait prendre la peine de calculer
une Table de toutes les lignes qui peuvent
fervir, tant pour la Parallaxe de la Lune,
que pour les Directions de la Gravité, &
pour la grandeur des degrés de la Terre.
Dans ce calcul, nous avons pris 1 pour
le rayon de l'Équateur, & $\frac{1}{178}$ pour la
quantité dont le diametre de l'Équateur
furpaffe l'axe, comme nos obfervations
la donnent.

Mais comme dans les différents Ellip-
foïdes qui different peu de la Sphere,
toutes ces lignes font proportionnelles à
cette quantité, la Table les donnera par
une feule regle de Trois, pour quelque
différence qu'on voulût fuppofer entre
l'axe & le diametre de l'Équateur.

C

*TABLE pour la Parallaxe, pour la Gravité, & pour la grandeur des Degrés.*

| Latit. du Lieu. | *MN* | *N*Δ | *DO* |
|---|---|---|---|
| 0° | 0,00000 | 0,00000 | 0,00000 |
| 5 | 0,00004 | 0,00049 | 0,00004 |
| 10 | 0,00017 | 0,00096 | 0,00017 |
| 15 | 0,00038 | 0,00140 | 0,00036 |
| 20 | 0,00066 | 0,00181 | 0,00062 |
| 25 | 0,00103 | 0,00215 | 0,00091 |
| 30 | 0,00140 | 0,00243 | 0,00122 |
| 35 | 0,00185 | 0,00264 | 0,00151 |
| 40 | 0,00232 | 0,00277 | 0,00178 |
| 45 | 0,00281 | 0,00281 | 0,00199 |
| 50 | 0,00330 | 0,00277 | 0,00212 |
| 55 | 0,00377 | 0,00264 | 0,00216 |
| 60 | 0,00421 | 0,00243 | 0,00211 |
| 65 | 0,00461 | 0,00215 | 0,00195 |
| 70 | 0,00496 | 0,00181 | 0,00170 |
| 75 | 0,00524 | 0,00140 | 0,00136 |
| 80 | 0,00545 | 0,00096 | 0,00095 |
| 85 | 0,00557 | 0,00049 | 0,00049 |
| 90 | 0,00562 | 0,00000 | 0,00000 |

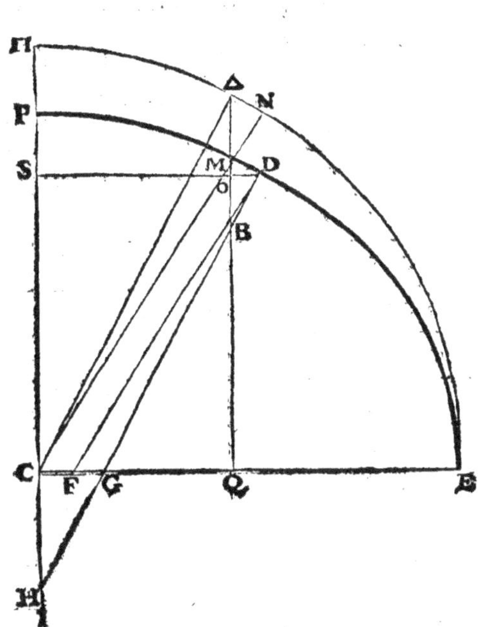

*TABLE pour la Parallaxe, pour la Gravité, & pour la grandeur des Degrés.*

| Latit. du Lieu. | CG | CH | GH |
|---|---|---|---|
| 0° | 0,01124 | 0,00000 | 0,01124 |
| 5 | 0,01119 | 0,00098 | 0,01124 |
| 10 | 0,01107 | 0,00195 | 0,01124 |
| 15 | 0,01085 | 0,00291 | 0,01124 |
| 20 | 0,01056 | 0,00384 | 0,01124 |
| 25 | 0,01018 | 0,00475 | 0,01124 |
| 30 | 0,00973 | 0,00562 | 0,01124 |
| 35 | 0,00920 | 0,00645 | 0,01124 |
| 40 | 0,00861 | 0,00722 | 0,01124 |
| 45 | 0,00794 | 0,00794 | 0,01124 |
| 50 | 0,00722 | 0,00861 | 0,01124 |
| 55 | 0,00645 | 0,00920 | 0,01124 |
| 60 | 0,00562 | 0,00973 | 0,01124 |
| 65 | 0,00475 | 0,01018 | 0,01124 |
| 70 | 0,00384 | 0,01056 | 0,01124 |
| 75 | 0,00291 | 0,01085 | 0,01124 |
| 80 | 0,00195 | 0,01107 | 0,01124 |
| 85 | 0,00098 | 0,01119 | 0,01124 |
| 90 | 0,00000 | 0,01124 | 0,01124 |

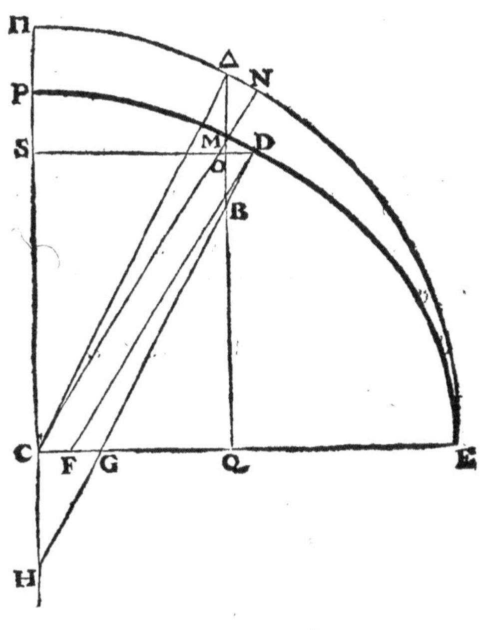

## §. VI.

*Maniére de déterminer la distance de la Lune au centre de la Terre.*

LA Figure de la Terre étant donnée, les lignes tirées de chacun des Observateurs à la Lune, & les verticales des lieux où ils observent, forment un Quadrilatere dont les angles & deux côtés étant donnés, on peut déduire tout le reste.

Soient deux Observateurs, l'un placé en *E* sur l'Équateur, l'autre dans quelque lieu *D* sur le même Méridien, à une distance considérable de l'Équateur : Que chacun observe la distance de la Lune à une même Étoile, & la distance de cette Étoile à son zénith.

Il est clair que la somme des distances de l'Étoile au Zénith, donnera l'angle *DGE,* qui est l'amplitude de l'arc du Méridien qui sépare les deux Observateurs, & que la somme ou la différence des distances de la Lune à l'Étoile, est la Parallaxe qui a cet arc du Méridien pour base.

On a donc le Quadrilatere *EGDLE,* donné par tous ses angles, & par les côtés *EG* & *GD,* ce qui suffit pour le déterminer.

Lorsqu'on aura ainsi déterminé la distance de la Lune au point *G,* on peut facilement la rapporter au point *C,* centre

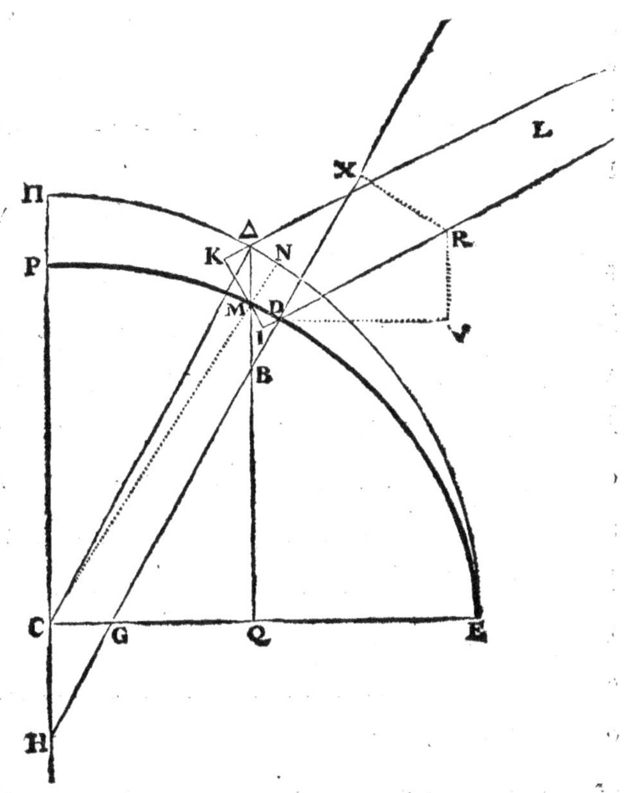

de la Terre. Mais le calcul de la distance de la Lune au centre de la Terre se peut faire encore de la maniére suivante.

Ayant la parallaxe des deux Observateurs en *E* & en *D*, je cherche la Parallaxe qu'ils observeroient, si l'un étant toûjours placé ſur l'E'quateur en *E*, l'autre étoit placé ſur le Globe en △, à la même latitude où eſt celui qui obſerve réellement ſur la Terre.

Et pour cela, ayant tiré du point △ à la Lune la droite △*L*, il eſt clair que la Parallaxe ſur le Globe, ſurpaſſeroit la vraye Parallaxe, du petit angle △*L.D.* Lorſqu'on aura donc cet angle, il n'y aura qu'à l'ajoûter à la Parallaxe obſervée, & à la diſtance de la Lune au zénith de l'Obſervateur en *D*, & l'on aura le Quadrilatere *C E L* △ *C*, & ſa Diagonale *LC*, qui eſt la diſtance de la Lune au centre de la Terre.

---

# §. VII.

## *Recherche de la différence des Parallaxes ſur la Terre & ſur le Globe.*

IL faut maintenant chercher le petit angle *D L* △, différence de la Parallaxe ſur la Terre & ſur le Globe.

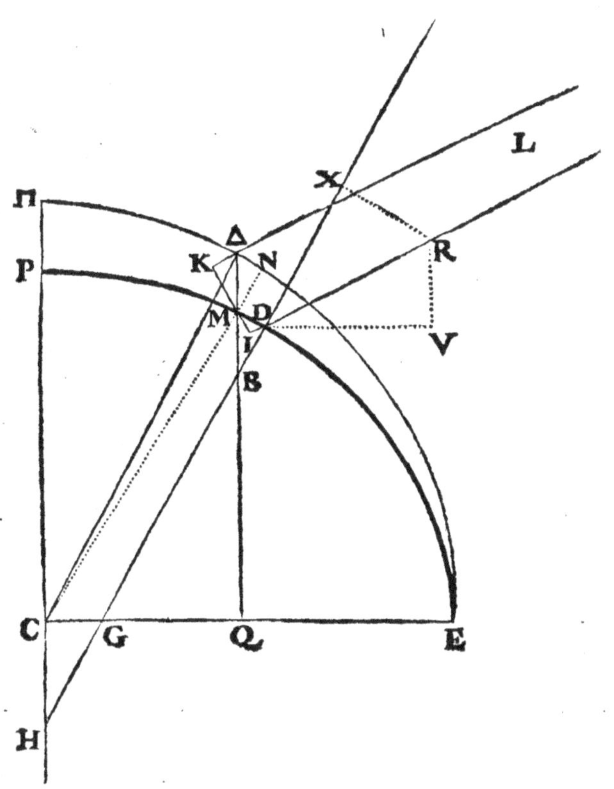

Ayant tiré du point $M$ sur les deux lignes $DL$ & $\triangle L$, les deux perpendiculaires $MI$ & $MK$, cet angle sera $\frac{MI + MK}{ML}$, dans lequel la distance du point $M$ ou du point $C$ à la Lune, sera toûjours affés exacte. C'eft donc $MI$ & $MK$ qu'il faut chercher.

Soit prolongée la verticale du point $D$, & foit tirée la ligne $DV$, parallele à $CE$; & d'un point quelconque $R$ de la droite $DL$, foient abbaiffées fur ces deux lignes les perpendiculaires $RX$, $RV$; & l'on aura, à caufe des Triangles femblables $DMI$, $RDX$, & $\triangle MK$, $RDV$,

$$MI = \frac{cs \cdot DX}{rr \cdot DR} \,\partial, \quad \& \quad MK = \frac{s \cdot DV}{r \cdot DR} \,\partial.$$

Soit maintenant le finus de la déclinaifon de la Lune $RV = x$, & fon cofinus $DV = y$ pour le rayon $r$, & l'on aura

$$MK = \left(\frac{sy}{rr}\right) \partial,$$

$$MI = \left(\frac{ccsy + cssx}{r^4}\right) \partial,$$

$$\& \; MI + MK = \left(\frac{rrsy + ccsy + cssx}{r^4}\right) \partial.$$

C'eft cet angle $DL\triangle$ qu'il faut ajoûter à toutes les Parallaxes obfervées, pour

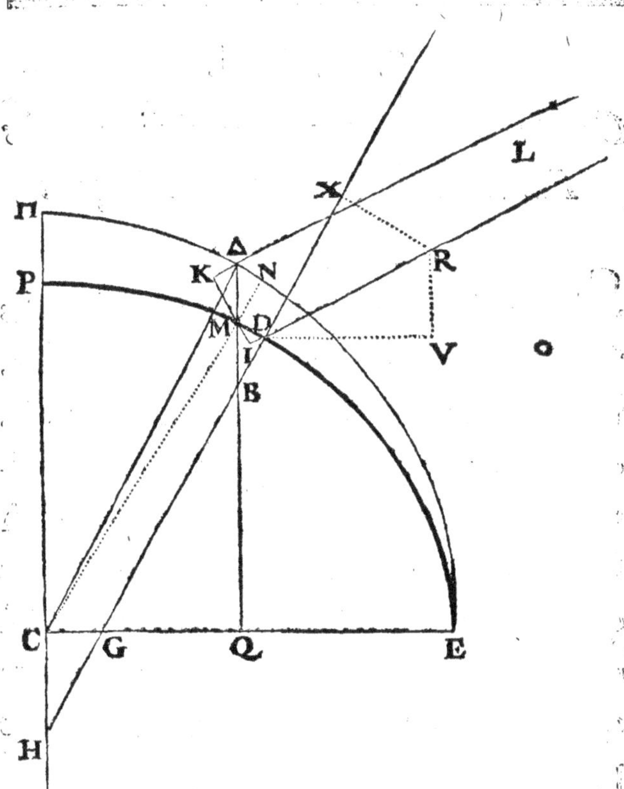

avoir celles qu'on auroit si la Terre étoit
sphérique.

## §. VIII.

*Conditions qui rendent la différence des Parallaxes, la plus grande qu'il soit possible.*

SI l'on suppose que pendant qu'un des Observateurs est en $E$ sur l'Équateur, l'autre soit en $D$ sur une latitude donnée, & qu'on cherche quelle doit être la déclinaison de la Lune pour que l'angle $DL\Delta$ soit le plus grand qu'il soit possible, il n'y a qu'à chercher le *Maximum* de $MI + MK$, en faisant $s$ & $c$ constants ; & l'on trouvera qu'il faut que le sinus de la déclinaison de la Lune soit $x = \dfrac{cs}{\sqrt{(11 + 3cc)}}$.

C'est-là le rapport qui doit être entre le sinus de la déclinaison de la Lune & le sinus de la latitude de l'Observateur, pour que l'angle $DL\Delta$ soit le plus grand, pour quelque latitude donnée du point $D$ que ce soit.

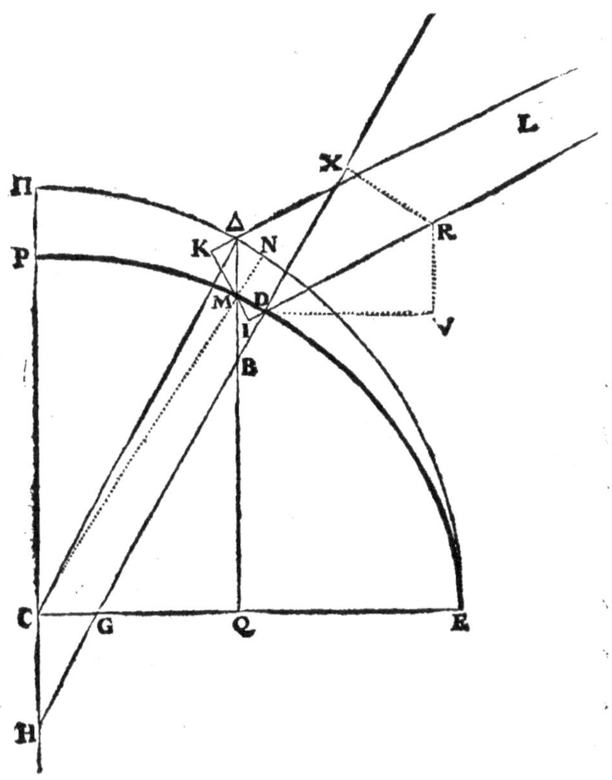

Mais si l'on veut trouver sur quel lieu de la Terre il faut placer l'Observateur, pour que la différence des Parallaxes sur la Terre & sur le Globe soit la plus grande en général, il faut substituer dans l'expression de $MI + MK$, la valeur de

$x = \dfrac{cs}{\sqrt{(rr + 3cc)}}$, & la valeur de $y =$

$\dfrac{rr + cc}{\sqrt{(rr + 3cc)}}$, qui lui répond, & chercher

le *Maximum* de $MI + MK$, en supposant $s$ & $c$ variables.

*On trouvera que le lieu où il faut placer l'Observateur en* D, *afin que l'angle* DL$\Delta$ *soit le plus grand qu'il soit possible, est celui dont le sinus de latitude est* S $= r\sqrt{\frac{2}{3}}$.

Mettant cette valeur de $s$, & celle de $c = r\sqrt{\frac{1}{3}}$ qui lui répond, dans l'expression du sinus de la déclinaison de la Lune, qui donne le plus grand angle $D L \Delta$ pour une latitude donnée, c'est-à-dire, dans l'expression $x = \dfrac{cs}{\sqrt{(rr + 3cc)}}$, *on trouve pour le sinus de la déclinaison de la Lune, qui pour la situation la plus avantageuse du point* D, *est aussi la plus avantageuse, on trouve* $x = \frac{1}{3}r$.

C'est une chose remarquable que le

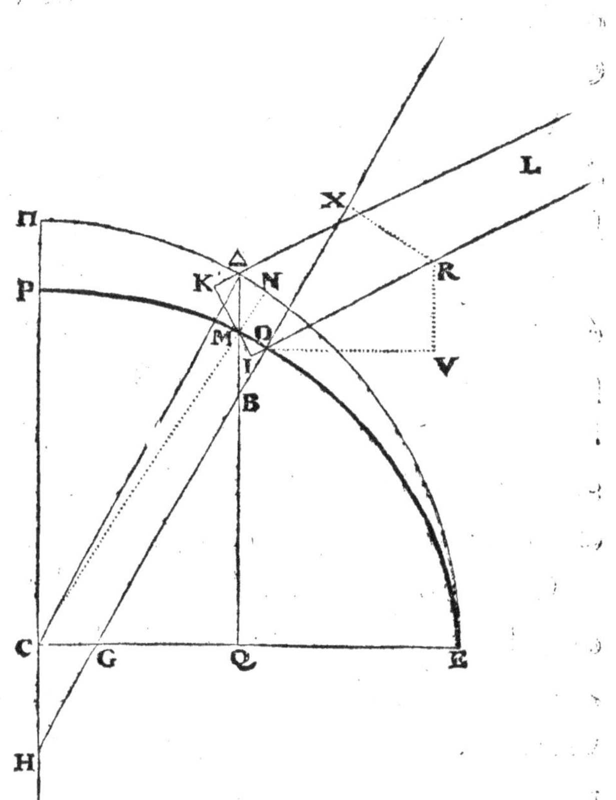

lieu *D*, qui donne la plus grande différence
entre la Parallaxe fur la Terre & la Parallaxe fur le Globe, eft celui où le Cercle
parallele à l'E'quateur fur la Terre, differe
le plus du parallele correfpondant fur le
Globe ; & celui où le degré du Méridien

de la Terre eſt égal au degré du Globe. Ce lieu eſt placé vers la latitude de $54°\frac{3}{4}$.

Quant à la déclinaiſon de la Lune, qui donne alors la plus grande différence de Parallaxe, c'eſt celle d'environ $19°\frac{1}{2}$.

On voit par-là qu'un des Obſervateurs étant ſur l'Équateur, quand on pourroit placer l'autre au Pole, la différence des Parallaxes ne pourroit jamais être auſſi grande qu'elle l'eſt lorſque l'Obſervateur eſt placé vers le 55.ᵉ degré.

Car ſuppoſant pour l'un & pour l'autre cas, les ſituations de la Lune les plus avantageuſes, c'eſt-à-dire, pour l'Obſervateur placé au Pole, la Lune dans l'Équateur, & pour l'Obſervateur placé vers le 55.ᵉ degré, la déclinaiſon de la Lune d'environ $19°\frac{1}{2}$, la différence de Parallaxe dans ce dernier cas, eſt à la différence de Parallaxe dans le premier, comme 2 à $\sqrt{3}$.

§. IX.

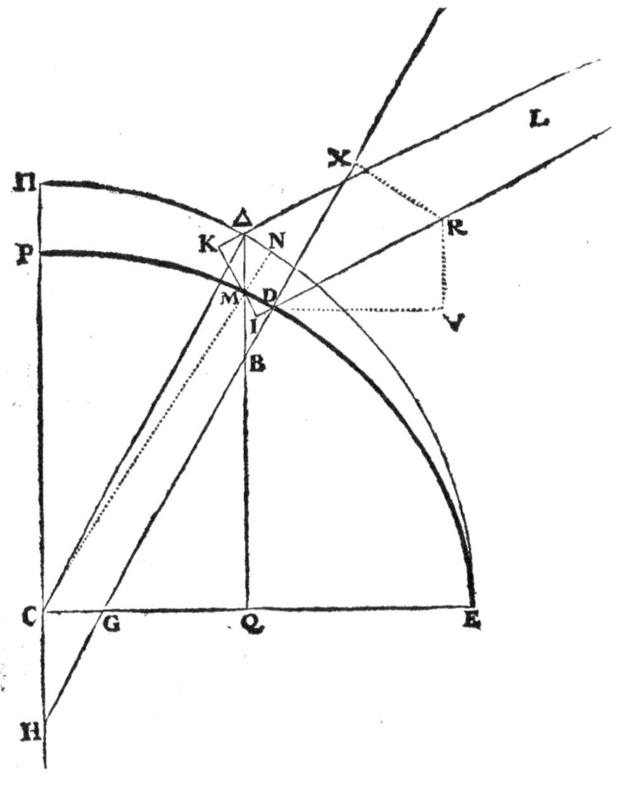



## §. IX.

*Calcul de la différence des Parallaxes.*

Voyons maintenant quelles sont les différences de Parallaxes, ou les différentes grandeurs de l'angle $DL\Delta$.

D

Prenant $1$ pour $CE$, & $\frac{1}{178}$ pour $\mathcal{\delta}$, & cherchant la différence de la Parallaxe dans toutes les circonstances les plus avantageuses, c'est-à-dire, lorsque $s = V\frac{2}{3}$, & $x = \frac{1}{3}$, on trouve $MI + MK = 0,00649$.

Supposant maintenant, comme M. Newton, que dans les Syzygies, lorsque la Lune est à sa moyenne distance de la Terre, la Parallaxe horisontale sur l'Équateur soit de $57'\,20''$, on trouvera le petit angle $DL\Delta$, de $23''$.

Il est clair qu'aux mêmes latitudes & aux mêmes déclinaisons de la Lune, la différence des Parallaxes est proportionnelle à la différence qui est entre le diametre de l'Équateur & l'axe. Ainsi ayant une fois les différences de Parallaxes que nous donnons ici, on aura par la regle de 3, toutes ces différences pour quelque rapport qu'on prenne entre l'axe & le diametre de l'Équateur.

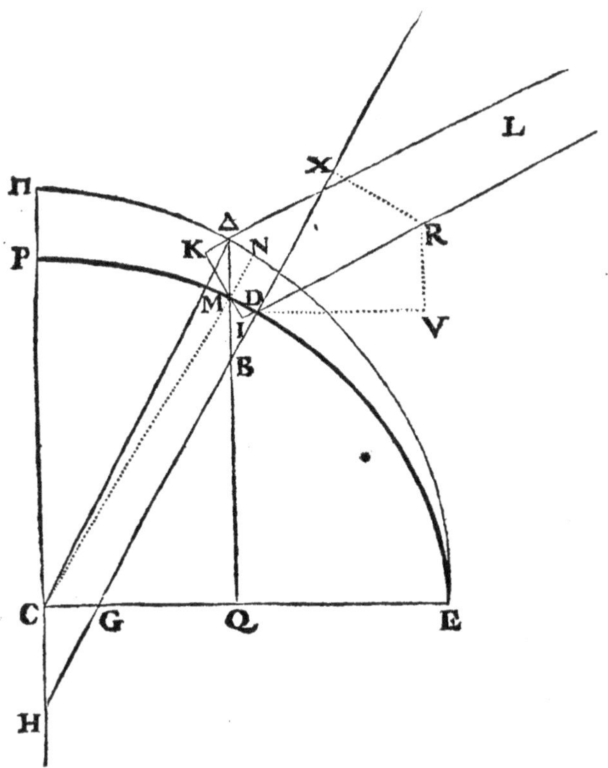

## Remarque.

On verra facilement qu'entre la Terre,
telle que nous l'avons déterminée, & la
Terre allongée de M. Caffini, qui faifoit
le diametre de l'Équateur plus petit que
l'axe d'environ $\frac{1}{100}$, il y auroit pour

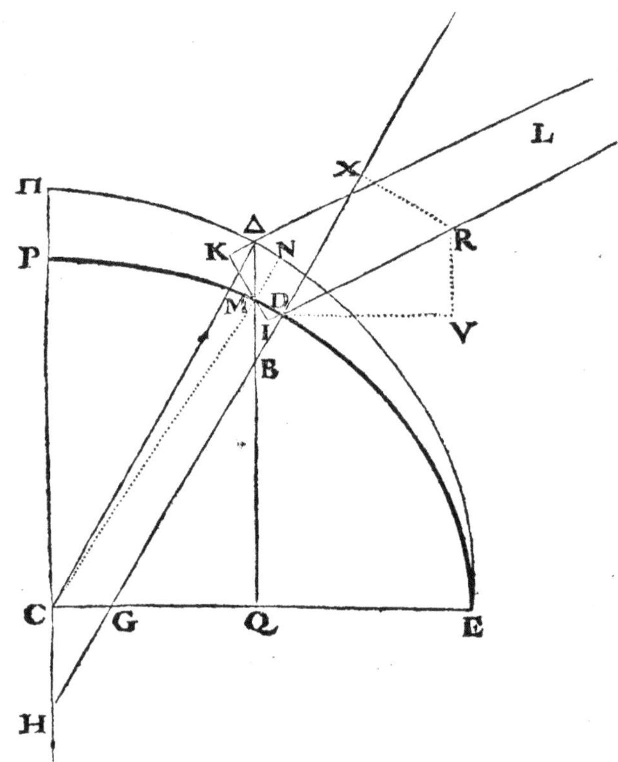

chaque latitude un angle $DL\Delta$, environ
trois fois plus grand que celui que nous
trouvons entre la Terre & le Globe;
& que supposant que les observations se
fissent dans les circonstances qui donnent
le plus grand angle, cet angle seroit de

64″; c'eft-à-dire, que fi la Terre avoit la figure que lui donnoit M. Caffini, les deux Obfervateurs placés en *E* & en *D*, verroient la Parallaxe plus grande de plus d'une minute qu'ils ne la voyent fur la Terre applatie, telle que nous l'avons déterminée.

## §. X.

### *Méthode pour déterminer la Figure de la Terre.*

SI la Figure de la Terre caufe quelque altération aux Parallaxes, & les rend différentes de ce qu'elles feroient fi la Terre étoit un Globe, il s'enfuit que les Parallaxes peuvent fervir à connoître fi la Terre s'écarte de cette figure. Mais c'eft un Probleme qu'il me femble qu'il faut traiter tout autrement qu'il n'a été traité jufqu'ici, fi l'on veut le réfoudre avec certitude. Un petit nombre de fecondes fur lefquelles

on peut compter, & d'où dépend abſolu-
ment la queſtion, eſt préférable à des
quantités plus grandes que peuvent donner
d'autres méthodes, mais qui demandent
qu'on faſſe uſage d'éléments ſuſpects.

Il eſt certain, par exemple, que ſi l'on
avoit aſſés exactement quelqu'une des Parallaxes horiſontales de la Lune, ou la
diſtance de la Lune au centre de la Terre,
on pourroit employer des méthodes qui
donneroient des angles plus grands que
ceux auxquels je réduis la queſtion. Mais
tout l'avantage apparent de ces plus grands
angles s'évanouit, lorſqu'on conſidere que
quoiqu'on puiſſe moins les méconnoître
par l'obſervation, ils ne conduiroient à
la détermination de la Figure de la Terre,
qu'autant que ces autres éléments ſeroient
exactement déterminés.

Je crois donc que dans des queſtions
de cette nature, la vraye méthode pour
les réſoudre, eſt de les réduire à un

moyen unique, indépendant de toutes les autres circonſtances.

Pour cela il faudroit que deux Obſervateurs étant placés ſur le même Méridien, l'un à l'Équateur, l'autre vers le 56.ᵉ degré de latitude (afin que l'un & l'autre viſſent la Lune à la même hauteur lorſque ſa déclinaiſon eſt la plus grande) il y eût un troiſiéme Obſervateur placé ſur le même Méridien vers le 28.ᵉ degré, qui alors vît la Lune à ſon zénith. On auroit par-là deux Parallaxes qui auroient pour baſes deux arcs du Méridien, dont les amplitudes ſeroient les mêmes, mais dont les longueurs & les cordes étant différentes, ſoûtendroient à la Lune différents angles. Et quand les Obſervateurs ne ſeroient pas placés exactement ſur le même Méridien, la méthode ſeroit praticable en obſervant, comme nous avons déja dit, le mouvement de la Lune pendant le temps écoulé entre les obſervations.

* D iiij

Soit le point $E$ fur l'Équateur, le point $D$ à la latitude de 56 degrés, & le point $T$ à la latitude de 28. Soit imaginé le Globe $E\Theta\Delta$, fur lequel les points $E$, $\Theta$, $\Delta$, répondent aux points $E, T, D$, c'eft-à-dire, foient aux mêmes latitudes. Soient tirées dans l'Ellipfoïde les perpendiculaires $DG, TF$; & dans le Globe les rayons $\Delta C, \Theta C$, qui feront paralleles à ces lignes.

Il faut voir maintenant (la Lune étant en $L$) quelles feront les deux Parallaxes obfervées. Soit appellée $P$, celle qui a pour bafe l'arc $TD$, & $p$ celle qui a pour bafe l'arc $TE$. On aura $P = TL\Theta + \Theta L\Delta - \Delta LD$; & $p = EL\Theta - TL\Theta$. Donc la différence des Parallaxes, $P - p = 2 TL\Theta - DL\Delta$.

Ou, confervant les mêmes dénominations que dans le §. VII, c'eft-à-dire, faifant le finus de la déclinaifon de la Lune, ou de la latitude du point $T$, $= x$,

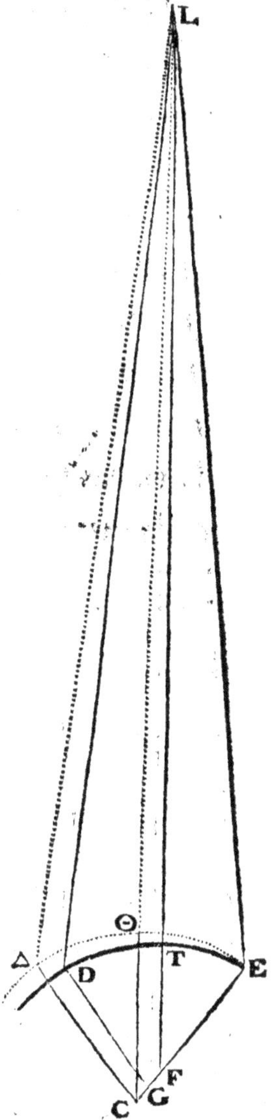


L
Θ
Δ
D
T
E
C
G
F

ſon coſinus $= y$, le ſinus de latitude du point $D$, $= s$, ſon coſinus $= c$, on aura pour la différence des Parallaxes, $P — p$

$$= \left( \frac{4rrxy — rrsy — ccsy — cssx}{r^4 . CL} \right) \delta.$$

La condition que l'Obſervateur placé entre $E$ & $D$, partage en deux également l'amplitude de l'arc du Méridien, & voye la Lune à ſon zénith, fait qu'on peut chaſſer $x$ & $y$ de la valeur précédente de la différence des Parallaxes; car on a toûjours

$$x = \frac{1}{\sqrt{2}} \sqrt{rr — rc}; \quad y = \frac{1}{\sqrt{2}} \sqrt{rr + rc};$$

qui, étant ſubſtitués, donnent $P — p$

$$= \left[ \frac{2s}{r} — \frac{1}{\sqrt{2} . r^4} \times \left( rrs \sqrt{rr + rc} \right. \right.$$
$$\left. \left. + ccs \sqrt{rr + rc} + css \sqrt{rr — rc} \right) \right] \frac{\delta}{CL}.$$

Si maintenant on calcule cette différence des Parallaxes, en ſuppoſant que l'un des Obſervateurs étant ſur l'Equateur, l'autre ſoit ſur la latitude de 56 degrés, on trouvera $P — p = 0,517 \frac{\delta}{CL}$.

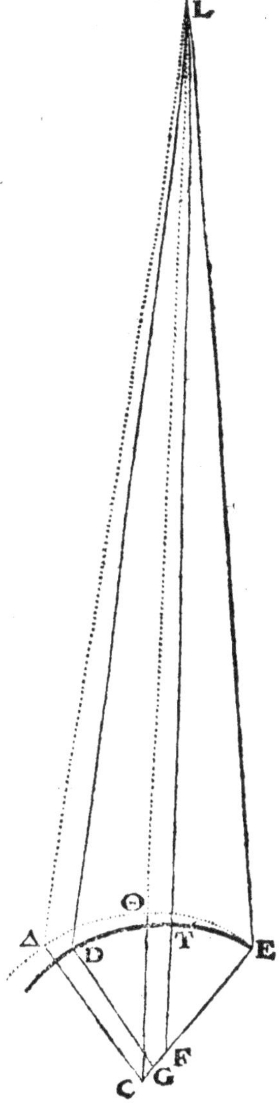


L
Θ
Δ
D
T
E
C
G
F

Et ſuppoſant que le rayon 1 de la Terre ſoûtend un angle de 57′ 20″ pour la Parallaxe horiſontale, on trouvera la diffé-rence des Parallaxes $=$ 10″.

On voit par-là qu'entre la Terre applatie de la 178.ᵉ partie du diametre de l'Équateur, & la Terre allongée de la 100.ᵉ, comme à peu-près M. Caſſini la faiſoit, il y auroit une différence de Parallaxes de 28″.

### Remarques ſur cette Méthode.

Quoique ces quantités ſoient moins grandes que celles que pourroient donner les autres méthodes dont j'ai parlé, elles ſont ſuffiſantes pour décider la queſtion de la Figure de la Terre, ſuppoſé que quelqu'un voulût la regarder encore comme n'étant pas décidée.

Car il eſt clair que la ſolution précédente du Probleme eſt à l'abri de toutes les erreurs que pourroit cauſer l'incertitude ſur la Latitude & ſur la Réfraction.

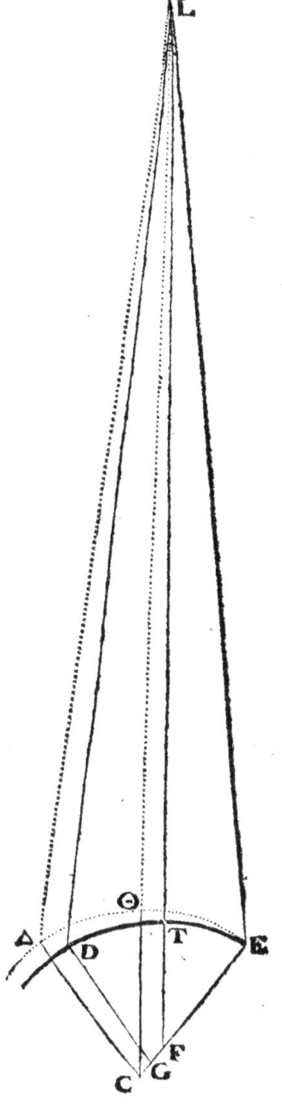

Que les Obſervateurs placés en *E* &
en *D*, ſoient préciſément ſur l'E'quàteur
& ſur la latitude du 5 6.ᵉ degré, ou à peu-
près à ces latitudes, il eſt clair que cela
n'apporte aucun changement ſenſible dans
la différence des Parallaxes, pourvû que
les deux arcs qui les ſéparent de l'Obſervateur placé en *T*, ayent la même amplitude. Or cela eſt fort facile à déterminer
avec plus de préciſion qu'il n'eſt néceſſaire,
ſans qu'il ſoit beſoin de connoître les latitudes abſoluës. Il ſuffit ſeulement que
l'un & l'autre des Obſervateurs voyent à
la même diſtance de leur zénith, la même
E'toile qui paſſe au zénith de l'Obſervateur en *T*.

Et quelque petite erreur commiſe dans
les diſtances de cette E'toile aux zéniths
des Obſervateurs, ou cauſée parce que la
Réfraction ne ſeroit pas préciſément la
même à la même hauteur en différents
lieux, quelqu'erreur ſur ces choſes ne

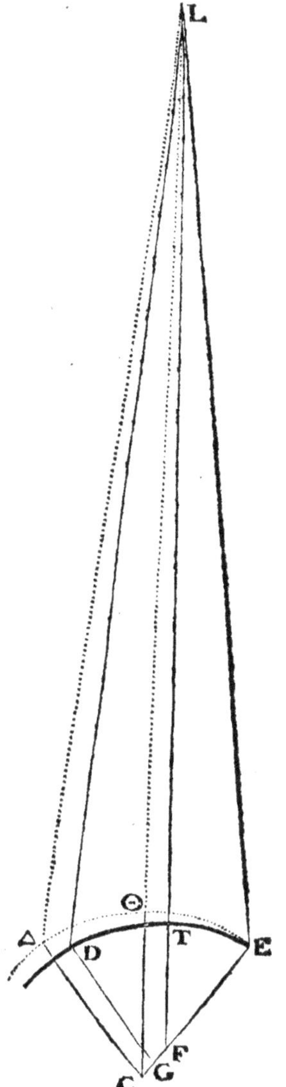

cauſeroit aucune altération ſenſible dans la différence des Parallaxes. Il n'eſt pas néceſſaire non plus que la Lune paſſe préciſément au zénith de l'Obſervateur en $T$, elle peut en être éloignée de quelques minutes, ſans que cela change rien à la différence des Parallaxes.

Mais ſi la Lune paſſe à une diſtance aſſés grande du zénith de l'Obſervateur placé en $T$, pour qu'il en faille tenir compte, il faut faire une correction aux deux Parallaxes $P$ & $p$. Car ſi la Lune tombe vers l'Équateur, comme lorſqu'elle eſt en $l$, ayant tiré du point $T$ ſur les lignes $EL$, $El$, & $DL$, $Dl$, les perpendiculaires $TY$, $Ty$, & $TS$, $Ts$, le ſinus de la Parallaxe $P$ ſera diminué de $SH$, & celui de la Parallaxe $p$ ſera augmenté de la même quantité. Or à cauſe des angles égaux $LDl$, $STs$, $LEl$, $YTy$, nommant $A$ l'angle de la diſtance de la Lune au zénith de l'Obſervateur en $T$,

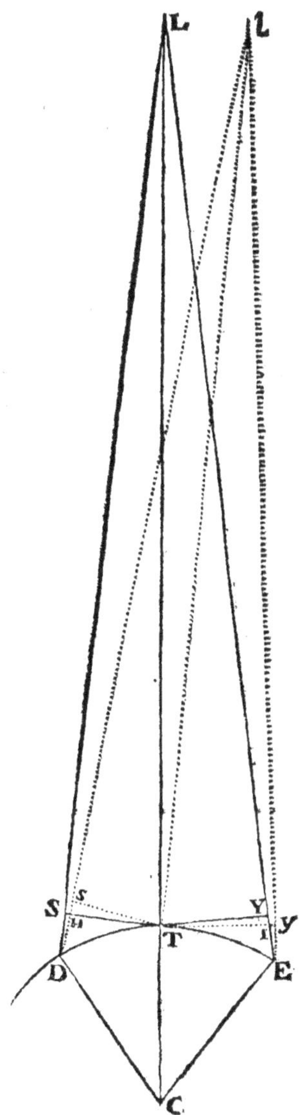
L
2
S
S
V
y
D
T
E
C
E

l'on aura $HS$, ou $yi = A \times DS$, qui eſt la quantité qu'il faut retrancher du ſinus de la Parallaxe $P$, & ajoûter au ſinus de la Parallaxe $p$ ; ou qu'il faut retrancher du ſinus de la Parallaxe $p$, & ajoûter au ſinus de la Parallaxe $P$, ſi la Lune tombe au Nord.

Tout ſe réduit donc à meſurer avec le Micrometre les diſtances de la Lune à quelqu'Etoile. Et tous ceux qui connoiſſent la juſteſſe avec laquelle on peut faire cette opération, verront que ce ſeroit ici une maniére indubitable de déterminer la Figure de la Terre, ſi elle n'étoit pas déja déterminée.

## §. X I.

### *Autre eſpece de Parallaxes.*

J E ne parle point d'une autre eſpece de Parallaxes qui auroient pour baſes les arcs des cercles paralleles à l'Equateur. Il eſt

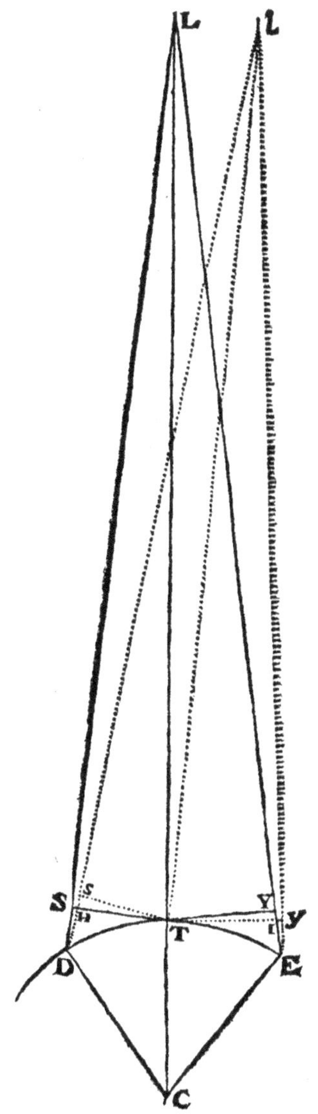

évident que fuppofant l'amplitude de l'arc
qui fépareroit les deux Obfervateurs, la
même fur le Globe que fur la Terre, l'angle qu'ils formeroient à la Lune, feroit
plus grand fur la Terre que fur le Globe;
& il femble qu'on pourroit par-là déterminer la Figure de la Terre. Mais quand
on fuppoferoit que deux Obfervateurs
placés fur l'Équateur, ayant déterminé
la Parallaxe qui auroit pour bafe l'arc qui
les fépare, les deux autres fuffent placés
fur le Parallele où la valeur de $DO$ eft la
plus grande, c'eft-à-dire, vers le 55.ᵉ
degré de latitude, la différence de la
Parallaxe qu'ils obferveroient, à la Parallaxe correfpondante fur le Globe, ne
feroit jamais plus grande que l'angle dont
le rayon étant la diftance de la Lune à la
Terre, le finus feroit $2\,DO$, c'eft-à-dire,
ne pourroit jamais être plus grande que
15″. Et il faudroit, pour qu'elle atteignît
cette grandeur, que les Obfervateurs, tant

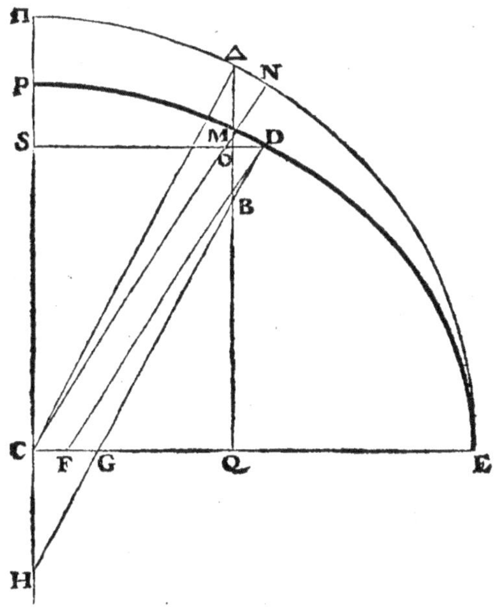

ceux qui feroient fur l'Équateur, que ceux qui feroient fur le Parallele, fuffent féparés de toute la demi - circonférence de leurs cercles.

Cette confidération fait que je ne m'arrête pas ici à détailler cette méthode, qui ne dépend que des valeurs de $DO$, que j'ai déterminées §. V.

## §. XII.

### *Loxodromiques.*

J'Obmettrois une des principales utilités qu'on peut retirer de la détermination de la Figure de la Terre, si je ne donnois ici pour la Terre applatie, la description de la ligne Loxodromique, qui est, comme on sçait, la ligne qui coupe sous le même angle tous les Méridiens de la Terre, & celle que décrit un Vaisseau pendant qu'il suit un même Rumb. Comme c'est sur cette ligne qu'est fondée toute l'exactitude de la Navigation, la détermination de la Figure de la Terre, est encore utile ici pour le Navigateur.

Soit $PME\varepsilon\mu P$ une partie du Sphéroïde qui représente la Terre, dont $P$ est le Pole, $CP$ le demi-Axe, $E\varepsilon$ l'Équateur, $m\mu$ un Cercle parallele à l'Équateur, $PME$ & $P\mu\varepsilon$ deux Méridiens

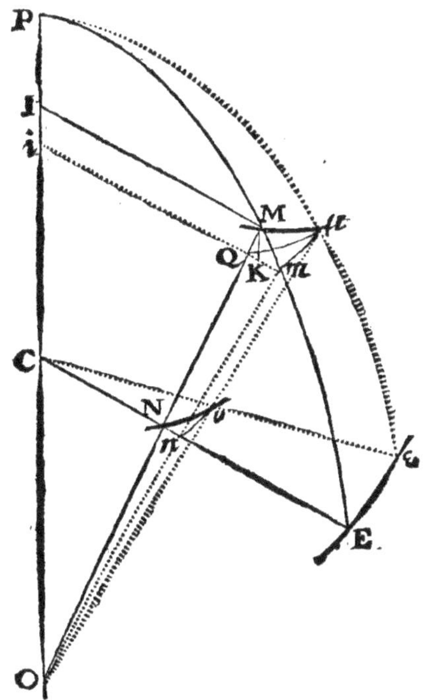

infiniment proches. Soit $M\mu$ une petite partie de la Loxodromique comprise entre ces deux Méridiens ; & qu'on cherche la projection de cette ligne sur le plan de l'Équateur $CE\varepsilon$ pour un œil placé dans l'axe en $O$.

Ayant tiré des points $C$, $I$, & $i$, infiniment proche du point $I$, les rayons $CE$,

E iiij

$C\epsilon$, $IM$, & $im$; du point $M$ sur le rayon $im$, ayant abbaissé la petite perpendiculaire $MK$, & tiré du point $O$ les lignes $OM$, $Om$, $O\mu$, il est clair que les points $N$, $n$, $\nu$, où ces lignes coupent les rayons $CE$, $C\epsilon$, seront la projection du Triangle Loxodromique $Mm\mu$, formé sur la surface du Sphéroïde, par les petits arcs de la Loxodromique, du Méridien & du Parallele à l'Équateur.

Faisant donc $CE = r$,

$$OI = x,$$
$$IM = y,$$
$$CN = z,$$
$$Nn = dz,$$
$$E\epsilon = du,$$
$$Mm = ds;$$

On aura $Km = dy$,

$$MK = -dx,$$
$$KQ = -\frac{y\,dx}{x},$$
$$Qm = \frac{x\,dy - y\,dx}{x}.$$

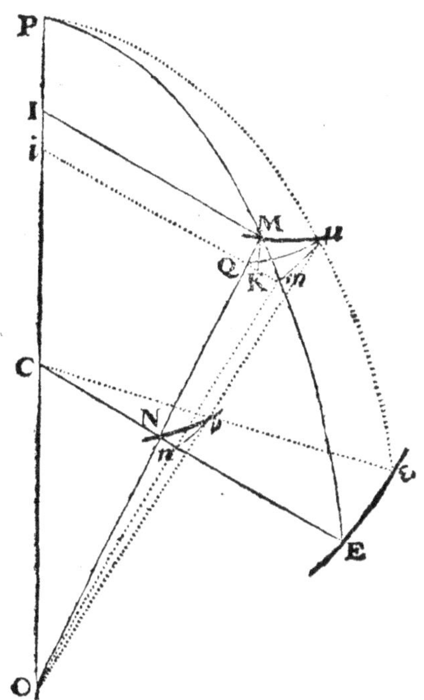

Puiſque la Loxodromique coupe tous les Méridiens ſous le même angle, ſoit le rapport de $1$ à $m$, celui du rayon à la tangente de cet angle, & l'on aura $m\mu = m\,ds$. Les pyramides ſemblables $OQ\mu m$, $ON\nu n$, donnent $Qm : m\mu :: Nn : n\nu$, c'eſt-à-dire, $n\nu = \dfrac{m\,ds\,dz}{z}$

$: \frac{x\,dy - y\,dx}{x}$. Pour comparer cette quantité aux petits arcs $E\varepsilon$ de l'Équateur, on a $n\nu = \frac{z\,du}{r}$; & mettant cette valeur de $n\nu$ dans l'Équation précédente, on a $du = \frac{mr\,dz}{2pz}\left(\frac{x\,ds}{x\,dy - y\,dx}\right)$.

On a de plus (faisant $OC = a$) $xz = ay$; & par cette Équation & celle qui exprime la nature de la courbe du Méridien, on chassera $x, y, dx, dy,$ & $ds$; & l'on aura l'Équation qui exprime la nature de la projection de la Loxodromique.

Si l'on suppose l'œil placé à une distance infinie, il est clair que l'Équation générale $du = \frac{mr\,dz}{2pz}\left(\frac{x\,ds}{x\,dy - y\,dx}\right)$ devient $du = \frac{mr\,dz\,ds}{zdy}$; ou (à cause de $dy = dz$) $du = \frac{mr\,ds}{z}$ pour la projection orthographique de la Loxodromique; c'est-à-

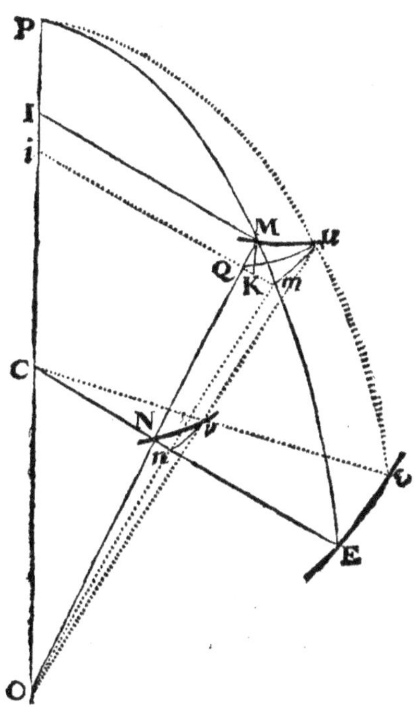

dire, celle qui eſt formée par des lignes tirées des points de la Loxodromique, perpendiculairement au plan de l'Équateur.

# §. XIII.

## *Projection stéréographique de la Loxodromique.*

SI l'on cherche ainsi la Loxodromique tracée sur la surface de la Mer, & projettée sur le plan de l'Equateur, en supposant l'œil placé au Pole de l'hémisphere opposé; prenant toûjours $\delta$ pour l'excès dont le rayon de l'Equateur $CE$ surpasse le demi-axe $CP$, l'on aura pour exprimer la nature de la courbe $N\nu$, l'Equation

$$d u = \frac{m r d z}{z} - \frac{4 m r^3 \delta z dz}{(rr + zz)} \; ; \; \text{qui,}$$

si la Terre étoit un Globe, donneroit la Logarithmique spirale pour la projection stéréographique de la Loxodromique.

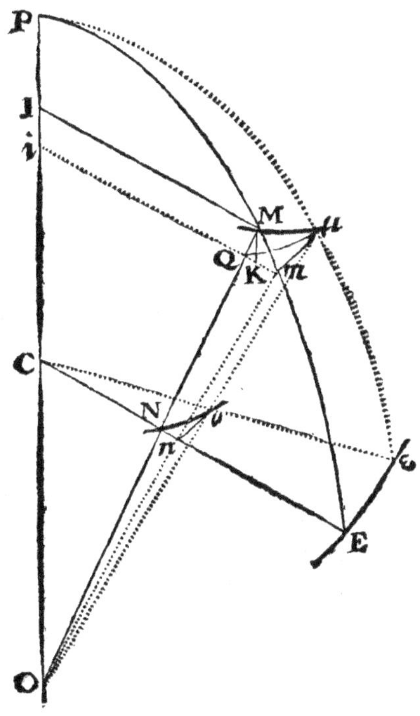

## §. XIV.

### *Projection orthographique de la Loxodromique.*

ON trouvera de même pour la courbe qui est la projection orthographique de la

Loxodromique,

$$du = \frac{\begin{smallmatrix} m\,rr\,dz \\ 2p\,rr\,w \end{smallmatrix}}{z\,\sqrt{(rr - zz)}} - \frac{\begin{smallmatrix} m\,\delta z\,dz \\ 2p^2\,\varphi\,w \end{smallmatrix}}{r\,\sqrt{(rr - zz)}}.$$

Par le calcul de ces Loxodromiques, on peut conſtruire des Tables & des Cartes plus exactes que celles dont ſe ſervent les Navigateurs.

# EXTRAIT DES OPÉRATIONS

*Qui ont été faites pour la Mesure de la Terre.*

APRÈS avoir expliqué les utilités qu'on retire de la connoissance de la Figure de la Terre, & comment on doit se servir de ses dimensions, tant pour déterminer les vrais lieux de la Lune, que pour connoître la grandeur des Degrés de latitude & de longitude, & les points vers lesquels tend la Gravité, j'ai cru devoir donner ici l'extrait des Opérations que nous avons faites pour la Mesure des Degrés du Méridien, & des différentes quantités de la Pesanteur; & y joindre les Résultats des autres opérations de la même espece, qui ont été faites avec le plus d'exactitude, afin que chacun soit à portée d'en faire l'usage qu'il jugera dans l'application des regles qui se trouvent dans l'ouvrage précédent.

Dans l'année 1736, je fus envoyé par le Roi vers le Pole Arctique, avec M.rs Clairaut, Camus, le Monnier, & M. l'Abbé Outhier, auxquels se joignit M. Celsius Professeur d'Astronomie à Upsal.

Les observations que nous devions faire avoient deux objets, l'un étoit la Mesure d'un arc du Méridien, l'autre la Mesure de la quantité de la Pesanteur. La longueur des Degrés vers le Pole, comparée à celle des Degrés mesurés dans d'autres Climats, déterminoit la Figure de la Terre; & la quantité de la Pesanteur vers le Pole, comparée à celle des autres Régions, servoit à faire connoître la Gravité primitive.

Nous commençâmes notre mesure de l'arc du Méridien, à la ville de Torneå, qui est située au fond du Golfe de Bottnie, à la latitude de 65° 50′ 50″, & plus

orientale

orientale que Paris, d'environ 1$^h$ 23', &
nous prolongeâmes cette mesure par les
deserts de la Lapponie, au de-là du Cercle
Polaire, jusqu'à une Montagne appellée
*Kittis*, à la latitude de 66° 48' 20".

Nos observations sur la Pesanteur furent
faites à Pello, au pied du Mont Kittis.

Nous trouvâmes dans ces Régions la
Pesanteur plus grande qu'elle n'est dans
tous les lieux où on l'a jusqu'ici observée,
qui sont tous aussi plus éloignés du Pole :
elle surpassoit à Pello, de 0,00137,
la Pesanteur qu'on éprouve à Paris. Et
nous trouvâmes le Degré du Méridien
qui coupe le Cercle Polaire, de 57438
toises, plus grand de 378 que celui qu'on
avoit pris pour le Degré moyen de la
France.

Après notre retour de Lapponie, nous
voulûmes vérifier l'amplitude du Degré
qu'on avoit autrefois mesuré entre Paris
& Amiens : nos observations nous

F

donnerent l'amplitude de l'Arc compris entre ces deux Villes, plus petite que M. Picard ne l'avoit trouvée; & ce Degré, de 57183 toises, plus petit de 255, que celui que nous avions mesuré en Lapponie. Nous conclûmes de tout cela, que la Terre étoit un Sphéroïde applati vers les Poles.

Nous rendîmes compte de ces opérations dans deux Ouvrages ** dont nous donnerons seulement ici l'extrait.

## Mesure du Degré du Méridien au Cercle Polaire.

### I.

### Angles observés.

Tous les Angles suivants ont été observés du centre des Signaux que nous avions élevés sur le sommet des Mon-

---

* La·Figure de la Terre déterminée par les Observations, &c.

* Le Degré du Méridien entre Paris & Amiens.

tagnes, avec un Quart-de-cercle de deux pieds de rayon, muni d'un Micrometre; & cet inftrument vérifié plufieurs fois autour de l'horifon, donnoit toûjours la fomme des angles fort près de 360°.

Les dixiémes de fecondes qu'on trouvera ici, viennent de ce que dans la réduction des parties du Micrometre en fecondes, on a voulu faire le calcul à la rigueur, & non pas d'une exactitude imaginaire, à laquelle on croiroit être parvenu.

Voici ces angles tels qu'ils ont été obfervés, avec les hauteurs apparentes des objets obfervés, où le figne ─┼─ marque des élévations, & le figne ── des abbaiſſements au-deſſous de l'horifon.

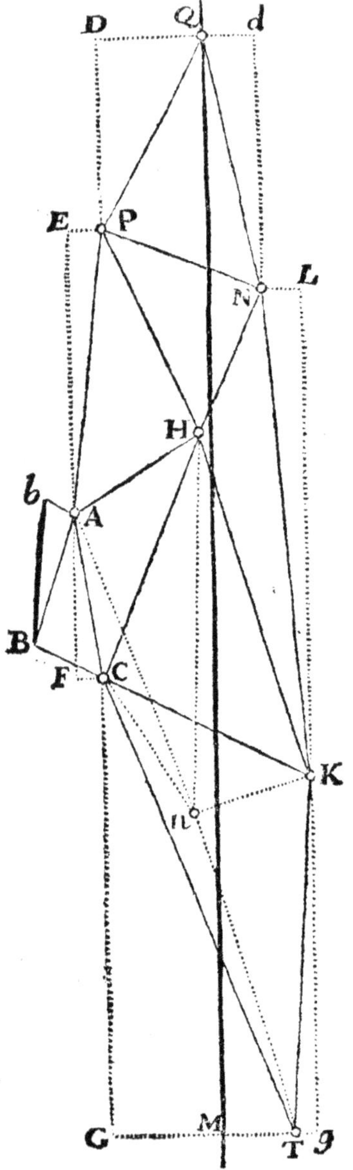

| Angles observés. | Angles réduits à l'Horison. | Hauteurs. |
| --- | --- | --- |

**Dans la Flêche de l'Eglise de Torneå.**

| Angles observés. | Angles réduits à l'Horison. | Hauteurs. |
| --- | --- | --- |
| CTK... 24° 23′ 0,″2 | 24° 22′ 58,″8 | C .... 0′ 0″ |
| Et par la réduction, pour ce que le centre de l'instrument étoit à 5 pieds du centre de la flêche, dans la direction de Cuitaperi, CTK ......... | 24 22 54,5 | |
| KTn... 19 38 20,9 | 19 38 20,1 | n... + 3 0 |
| Et par la réduction pour le lieu du centre, l'instrument placé dans le même endroit, KTn ......... | 19 38 17,8 | K... + 8 40<br>l'Horison de la Mer<br>— 11 0 |

**Sur Niwa.**

| Angles observés. | Angles réduits à l'Horison. | Hauteurs. |
| --- | --- | --- |
| Tn K... 87° 44′ 24,″8 | 87° 44′ 19,″4 | T... — 17′ 40″ |
| HnK... 73 58 6,5 | 73 58 5,7 | K... + 16 50 |
| AnK... 95 29 52,8 | 95 29 54,4 | A... + 4 40 |
| AnH = AnK — HnK | 21 31 48,7 | H... — 0 30 |
| AnH = 21 32 16,9 | 21 32 16,3 | |
| AnH est donc ..... | 21 32 2,5 | |
| CnH... 31 57 5,2 | 31 57 3,6 | C... + 10 0 |

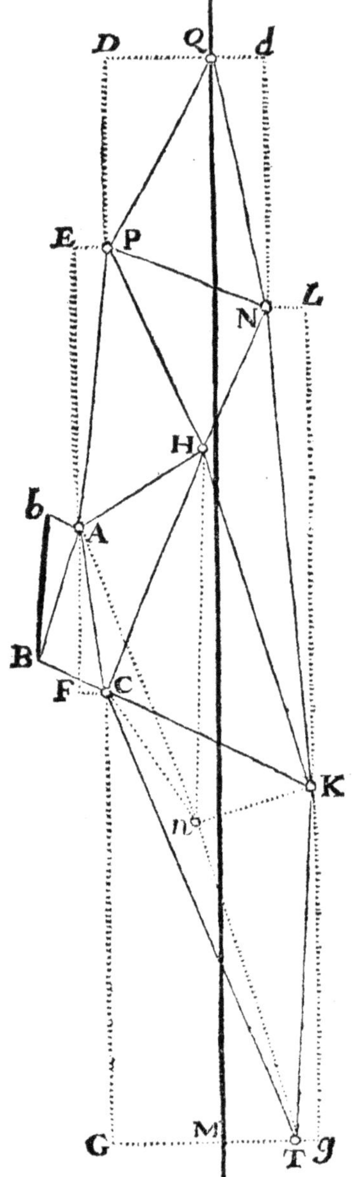

D Q d
E P
N L
H
b A
B
F C
K
n
G M T g

| Angles observés. | Angles réduits à l'Horison. | Hauteurs. |
|---|---|---|

### Sur Kakama.

| Angles observés. | Angles réduits à l'Horison. | Hauteurs. |
|---|---|---|
| $TKn$... 72° 37′ 20.″8 | 72° 37′ 27,″8 | $n$... — 22′ 50″ |
| $CKn$... 45 50 46,2 | 45 50 44,2 | $C$... — 4 45. |
| $HKn$... 89 36 0,4 | 89 36 2,4 | $H$... — 5 10 |
| $HKC = nKH — CKn$ | 43 45 18,2 | |
| $HKC$... 43 45 46,8 | 43 45 47,0 | |
| $HKC$... 43 45 41,5 | 43 45 41,7 | |
| $HKC$ est donc . . . . | 43 45 35,6 | |
| $CKT = CKn + nKT$ | 118 28 12,0 | $T$... — 24 10 |
| $HKN$... 9 41 48,1 | 9 41 47,7 | $N$... — 8 10 |

### Sur Cuitaperi.

| Angles observés. | Angles réduits à l'Horison. | Hauteurs. |
|---|---|---|
| | | $K$... — 6 10 |
| $KCn$... 28 14 56,9 | 28 14 54,7 | $n$... — 19 0 |
| $TCK$... 37 9 15,0 | 37 9 12,0 | $T$... — 24 10 |
| $HCK$..100 9 56,4 | 100 9 56,8 | $H$... — 2 40 |
| $ACH$... 30 56 54,4 | 30 56 53,4 | $A$... + 5 0 |

### Sur Avasaxa.

| Angles observés. | Angles réduits à l'Horison. | Hauteurs. |
|---|---|---|
| $HAP$... 53 45 58,1 | 53 45 56,7 | $P$... + 4 50 |
| $HAx$... 24 19 34,8 | 24 19 35,0 | $H$... — 8 0 |
| $xAn$... 77 47 46,7 | 77 47 49,5 | $x$.... — 10 40 |
| $xAC$... 88 2 11,0 | 88 2 13,6 | $C$... — 14 15 |
| $HAn = HAx + xAn$ | 102 17 24,5 | $n$.... — 20 20 |
| $HAC = CAx + xAH$ | 112 21 48,6 | |
| $CAn$... 10 13 54,2 | 10 13 52,8 | |

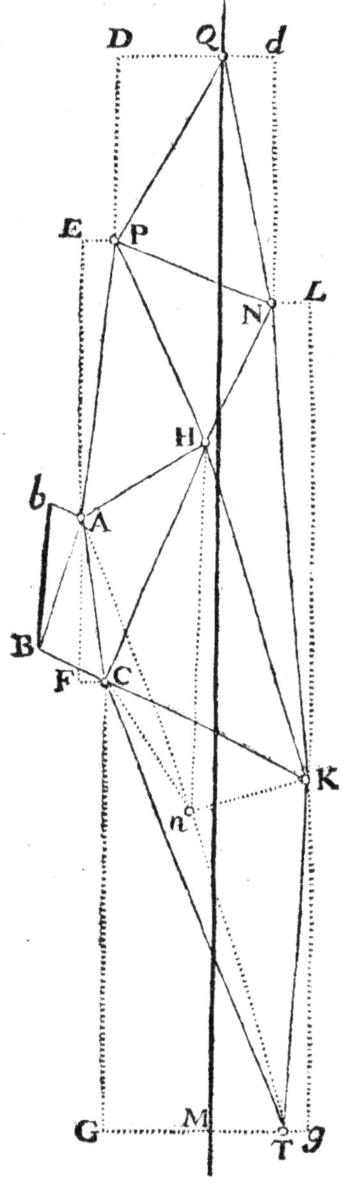

| Angles observés. | Angles réduits à l'Horison. | Hauteurs. |
|---|---|---|

### Sur Pullingi.

| Angles observés. | Angles réduits à l'Horison. | Hauteurs. |
|---|---|---|
| | | H...— 22′ 0″ |
| APH... 31° 19′ 53,″7 | 31° 19′ 55,″5 | A...— 18 10 |
| QPN.. 87 52 9,7 | 87 52 24,3 | Q...— 32 40 |
| NPH... 37 21 58,9 | 37 22 2,1 | N...— 26 50 |

### Sur Kittis.

| Angles observés. | Angles réduits à l'Horison. | Hauteurs. |
|---|---|---|
| NQP... 40 14 57,3 | 40 14 52,7 | P...+ 22 30 |
| | | N...+ 1 0 |

### Sur Niemi.

| Angles observés. | Angles réduits à l'Horison. | Hauteurs. |
|---|---|---|
| | | P....+ 18 30 |
| PNQ... 51 53 13,7 | 51 53 4,3 | Q...— 14 0 |
| PNH.. 93 25 8,1 | 93 25 7,5 | H...— 2 40 |
| HNK.. 27 11 55,3 | 27 11 53,3 | K...— 14 0 |

### Sur Horrilakero.

| Angles observés. | Angles réduits à l'Horison. | Hauteurs. |
|---|---|---|
| CHn... 19 38 21,8 | 19 38 21,0 | n....— 18 15 |
| CHA... 36 42 4,3 | 36 42 3,1 | A... 0 0 |
| AHP... 94 53 49,7 | 94 53 49,7 | P...+ 11 50 |
| PHN... 49 13 11,9 | 49 13 9,3 | N...— 5 0 |
| KHn... 16 26 6,7 | 16 26 6,3 | K...— 12 30 |
| CHK... 36 4 54,1 | 36 4 54,7 | C....— 10 40 |

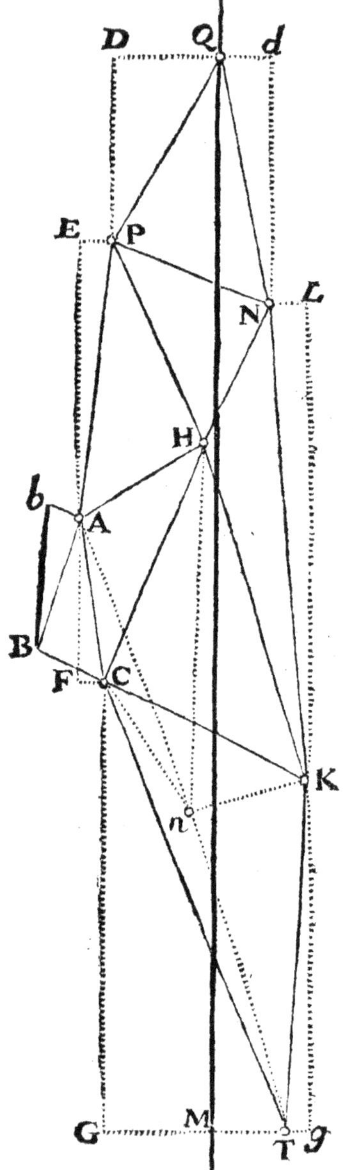

*Angles pour lier la base B b avec les sommets d'Avasaxa & de Cuitaperi.*

| Angles observés. | Angles réduits au même plan. | Hauteurs des objets vûs du point B. |
|---|---|---|
| $ABb$.. 9° 21′ 58,″0 | Réduisant $ABy$, | |
| $AbB$..77 31 48,1 | $yBC$, & $ABz$, $zBC$ au même plan $ABC$, | |
| $BAb$..93 6 7,2 | & prenant un milieu | $A + 0$° 40′ 30″ |
| | entre les deux valeurs | |
| | de $ABC$, qu'on a | |
| $ABy$..61 30 5,4 | par-là. | $y$. + 1 23 30 |
| $yBC$..41 12 3,4 | | $C + 1$ 4 5 |
| $ABz$..46 7 57,5 | $ABC$.102° 42′ 13,″5 | $z$. + 1 11 0 |
| $zBC$..56 34 22,2 | | |
| $ACB$.54 40 28,8 | | |
| $BAC$.22 37 20,6 | | |

Les lettres $x$, $y$, $z$, désignent des objets intermédiaires qui ont servi à prendre en deux fois l'angle $ABC$, qui étoit plus grand que l'amplitude du Quart-de-cercle.

## I I.

## *Position des Triangles par rapport au Méridien.*

Pour déterminer la position des Triangles avec le Méridien, on observa sur Kittis pendant plusieurs jours le passage du Soleil par les Verticaux de Pullingi &

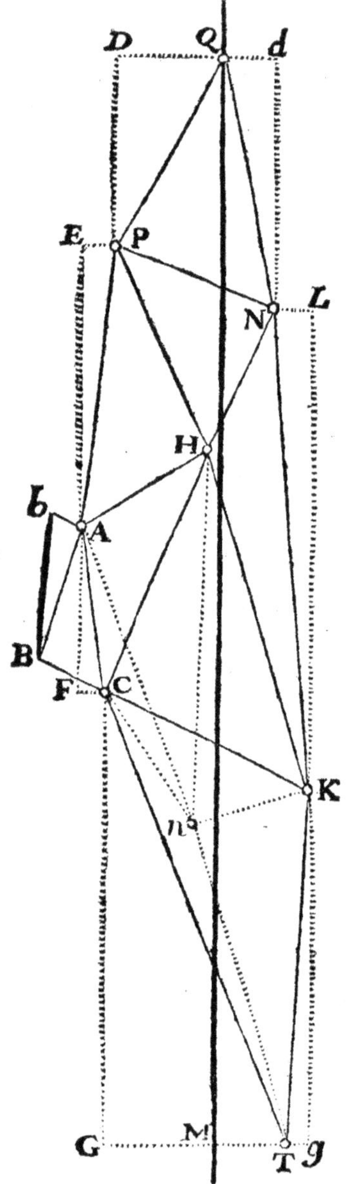

de Niemi. On se servoit pour ces observations, d'une Lunette de 15 pouces,
mobile autour d'un axe horisontal auquel
elle est perpendiculaire, & d'une Pendule
qu'on régloit tous les jours par des hauteurs correspondantes du Soleil.

Ces observations donnerent l'angle
que la ligne tirée de Kittis à Pullingi,
formoit avec le Méridien qui passe par
Kittis, c'est-à-dire, l'angle $PQM = 28°$
$51' 52''$.

## I I I.

### Base mesurée.

La base $Bb$, qui détermine la grandeur de tous les Triangles, fut mesurée
deux fois à la Perche sur la glace du
Fleuve, & l'on trouva $Bb = 7406$ toises
5 pieds 2 pouces.

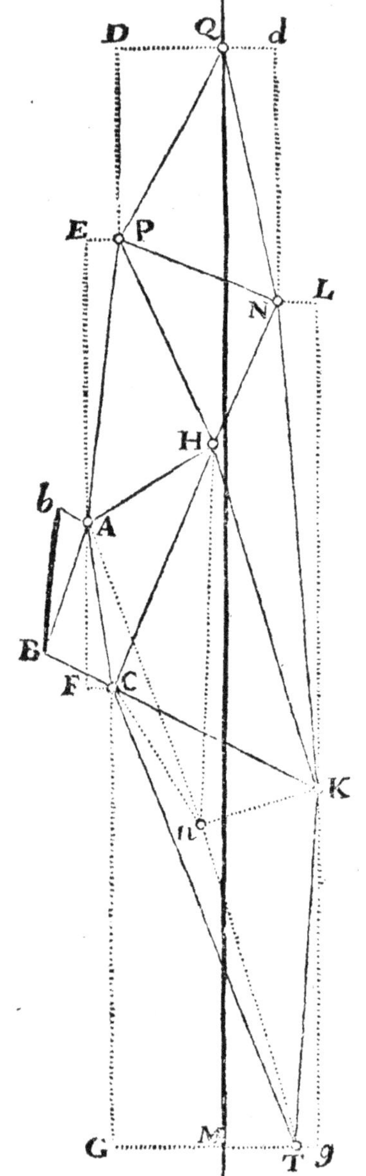

# IV.

## Calcul des deux Triangles par lesquels commencent toutes les suites.

### A B b.

| Angles observés. | | | | Angles corrigés pour le calcul. | | |
|---|---|---|---|---|---|---|
| A B b.... | 9° | 21′ | 58,″0 | 9° | 22′ | 0″ |
| A b B.... | 77 | 31 | 48,1 | 77 | 31 | 50 |
| B A b.... | 93 | 6 | 7,2 | 93 | 6 | 10 |
| | 179 | 59 | 53,3 | 180 | 0 | 0 |

### A B C.

| | | | | | | |
|---|---|---|---|---|---|---|
| A B C... | 102 | 42 | 13,5 | 102 | 42 | 12 |
| B A C... | 22 | 37 | 20,6 | 22 | 37 | 20 |
| A C B... | 54 | 40 | 28,8 | 54 | 40 | 28 |
| | 180 | 0 | 2,9 | 180 | 0 | 0 |

En calculant ces deux Triangles d'après la base $Bb$, de 7406,86$^{toises}$, on trouve la distance $AC$, entre Avasaxa & Cuita-peri, de 8659,94$^{toises}$.

Et comme ces deux Triangles sont d'une grande justesse, & que leur disposition est très-favorable pour conclurre exactement cette distance, on peut regarder $AC$ comme la base.

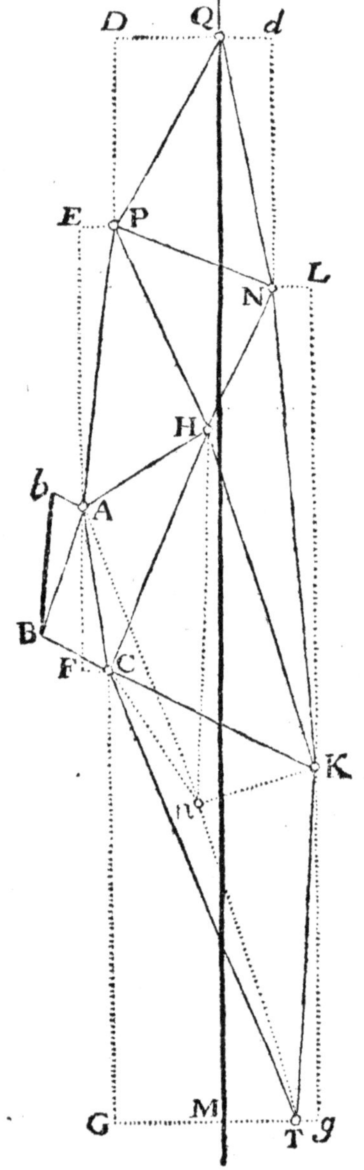
D Q d
E P
L
N
H
b A
B
F C
K
n
G M T g
V.

## V.

### *Calcul des Triangles de la premiére suite.*

#### A C H.

| Angles observés, réduits à l'horison. | | | | Angles corrigés pour le calcul. | | |
|---|---|---|---|---|---|---|
| CAH... | 112° | 21' | 32,"9 | . . . . . 112° | 21' | 17" |
| ACH... | 30 | 56 | 53,4 | . . . . . 30 | 56 | 47 |
| AHC... | 36 | 42 | 3,1 | . . . . . 36 | 41 | 56 |
| | 180 | 0 | 29,4 | 180 | 0 | 0 |

#### C H K.

| | | | | | | |
|---|---|---|---|---|---|---|
| CHK... | 36 | 4 | 54,7 | . . . . 36 | 4 | 46 |
| CKH... | 43 | 45 | 35,6 | . . . . 43 | 45 | 26 |
| KCH... | 100 | 9 | 56,8 | . . . . 100 | 9 | 48 |
| | 180 | 0 | 27,1 | 180 | 0 | 0 |

#### C K T.

| | | | | | | |
|---|---|---|---|---|---|---|
| KCT... | 37 | 9 | 12,0 | . . . . 37 | 9 | 7 |
| CKT... | 118 | 28 | 12,0 | . . . . 118 | 28 | 3 |
| CTK... | 24 | 22 | 54,3 | . . . . 24 | 22 | 50 |
| | 180 | 0 | 18,3 | 180 | 0 | 0 |

#### A H P.

| | | | | | | |
|---|---|---|---|---|---|---|
| AHP... | 94 | 53 | 49,7 | . . . . 94 | 53 | 56 |
| HAP... | 53 | 45 | 56,7 | . . . . 53 | 46 | 3 |
| APH... | 31 | 19 | 55,5 | . . . . 31 | 20 | 1 |
| | 179 | 59 | 41,9 | 180 | 0 | 0 |

#### H N P.

| | | | | | | |
|---|---|---|---|---|---|---|
| HNP... | 93 | 25 | 7,5 | . . . . 93 | 25 | 1 |
| NHP... | 49 | 13 | 9,3 | . . . . 49 | 13 | 3 |
| HPN... | 37 | 22 | 2,1 | . . . . 37 | 21 | 56 |
| | 180 | 0 | 18,9 | 180 | 0 | 0 |

#### N P Q.

| | | | | | | |
|---|---|---|---|---|---|---|
| NPQ... | 87 | 52 | 24,3 | . . . . 87 | 52 | 17 |
| NQP... | 40 | 14 | 52,7 | . . . . 40 | 14 | 46 |
| PNQ... | 51 | 53 | 4,3 | . . . . 51 | 52 | 57 |
| | 180 | 0 | 21,3 | 180 | 0 | 0 |

G

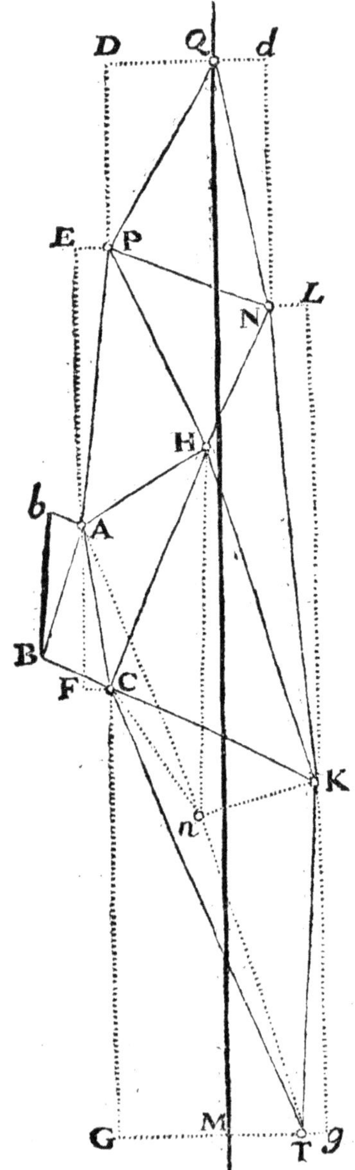
D
Q
d
E
P
L
N
H
b
A
B
F
C
K
n
G
M
T
g

Prenant $AC = 8659,94^{\text{toifes}}$, tel qu'on l'a trouvé par les deux Triangles $ABb$, $ABC$, on trouve par la réfolution des Triangles précédents,

$$AP = 14277,43^{\text{toifes.}}$$
$$PQ = 10676,9$$
$$CT = 24302,64$$

Ces lignes forment avec la Méridienne, les angles fuivants,

$$PQD = 61°\ 8'\ 8''$$
$$APE = 84\ 33\ 54$$
$$ACF = 81\ 33\ 26$$
$$CTG = 69\ 49\ \ 8$$

Et la réfolution des Triangles rectangles $DQP$, $APE$, $ACF$, $CTG$, donne pour les parties de la Méridienne,

$$PD = 9350,45^{\text{toifes.}}$$
$$AE = 14213,24$$
$$AF = 8566,08$$
$$CG = 22810,62$$
$$\overline{QM = 54940,39}$$

pour l'arc du Méridien qui paffe par Kittis, & qui eft terminé par la perpendiculaire tirée de Torneå.

G ij

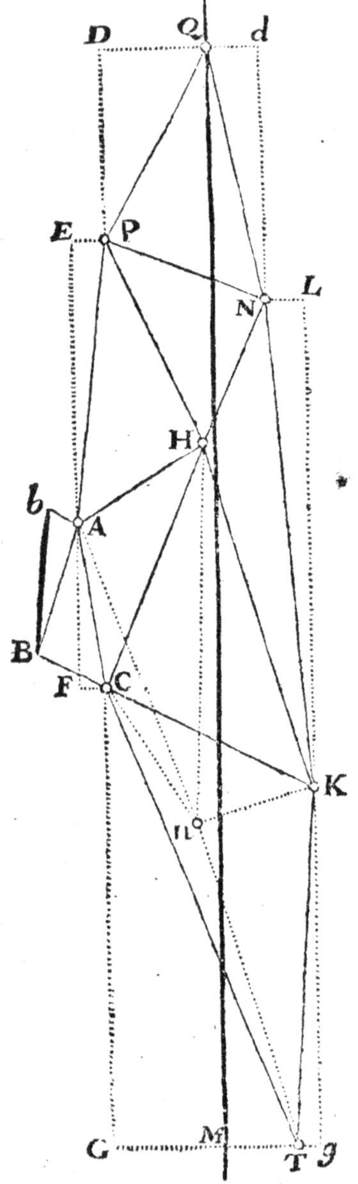

# VI.

*Calcul des Triangles de la seconde suite.*

## ACH.

| Angles observés, réduits à l'horison. | | | | Angles corrigés pour le calcul. | | |
|---|---|---|---|---|---|---|
| ACH... | 30° | 56' | 53,"4 | . . . . 30° | 56' | 47" |
| CAH... | 112 | 21 | 32,9 | . . . . 112 | 21 | 17 |
| AHC... | 36 | 42 | 3,1 | . . . . 36 | 41 | 56 |
| | 180 | 0 | 29,4 | 180 | 0 | 0 |

## CHK.

| CHK... | 36 | 4 | 54,7 | . . . . 36 | 4 | 46 |
|---|---|---|---|---|---|---|
| CKH... | 43 | 45 | 35,6 | . . . . 43 | 45 | 26 |
| KCH... | 100 | 9 | 56,8 | . . . . 100 | 9 | 48 |
| | 180 | 0 | 27,1 | 180 | 0 | 0 |

## CKT.

| CKT... | 118 | 28 | 12,0 | . . . . 118 | 28 | 3 |
|---|---|---|---|---|---|---|
| CTK... | 24 | 22 | 54,3 | . . . . 24 | 22 | 50 |
| KCT... | 37 | 9 | 12,0 | . . . . 37 | 9 | 7 |
| | 180 | 0 | 18,3 | 180 | 0 | 0 |

## HKN.

| HKN... | 9 | 41 | 47,7 | . . . . 9 | 41 | 50 |
|---|---|---|---|---|---|---|
| HNK... | 27 | 11 | 53,3 | . . . . 27 | 11 | 56 |
| KHN... | 143 | 6 | 3,2 | . . . . 143 | 6 | 14 |
| | 179 | 59 | 44,2 | 180 | 0 | 0 |

## HNP.

| HNP... | 93 | 25 | 7,5 | . . . . 93 | 25 | 1 |
|---|---|---|---|---|---|---|
| HPN... | 37 | 22 | 2,1 | . . . . 37 | 21 | 56 |
| NHP... | 49 | 13 | 9,3 | . . . . 49 | 13 | 3 |
| | 180 | 0 | 18,9 | 180 | 0 | 0 |

## NPQ.

| NPQ... | 87 | 52 | 24,3 | . . . . 87 | 52 | 17 |
|---|---|---|---|---|---|---|
| NQP... | 40 | 14 | 52,7 | . . . . 40 | 14 | 46 |
| PNQ... | 51 | 53 | 4,3 | . . . . 51 | 52 | 57 |
| | 180 | 0 | 21,3 | 180 | 0 | 0 |

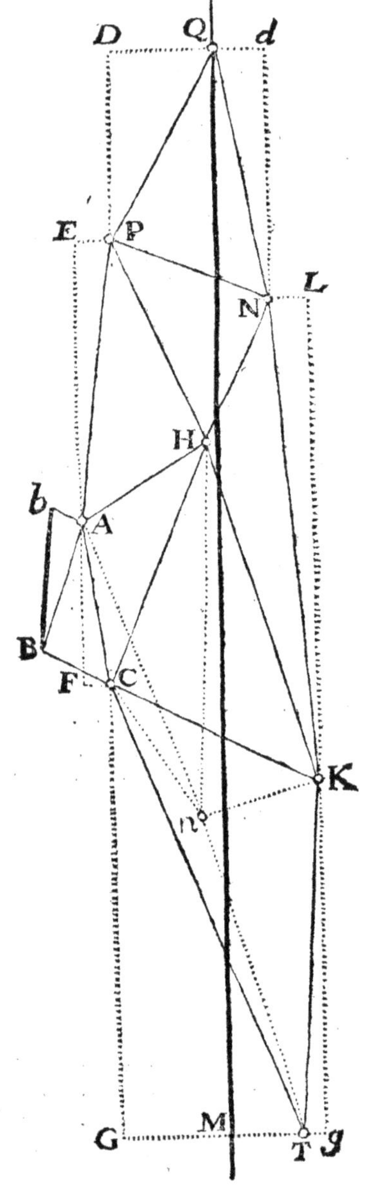

D
Q
d
E
P
L
N
H
b
A
B
F
C
K
12
G
M
T
g

Se servant toûjours de

$$AC = 8659,94^{\text{toifes}}$$

on a par la réfolution des Triangles précédents,

$$QN = 13564,64^{\text{toifes}}$$
$$NK = 25053,25$$
$$KT = 16695,84$$

Ces lignes forment avec la Méridienne, les angles fuivants,

$$NQd = 78°37'\ 6''$$
$$KNL = 86\ \ 7\ \ 12$$
$$KTg = 85\ 48\ \ 7$$

La réfolution des Triangles $QNd$, $KNL$, $KTg$, donne pour les parties de la Méridienne,

$$Nd = 13297,88^{\text{toifes}}$$
$$KL = 24995,83$$
$$Kg = 16651,05$$
$$\overline{\hspace{3cm}}$$
$$QM = 54944,76$$

L'autre fuite donnoit $QM = 54940,39$
$$\overline{\hspace{3cm}}$$
On a donc pris . . . $QM = 54942,57$

G iiij

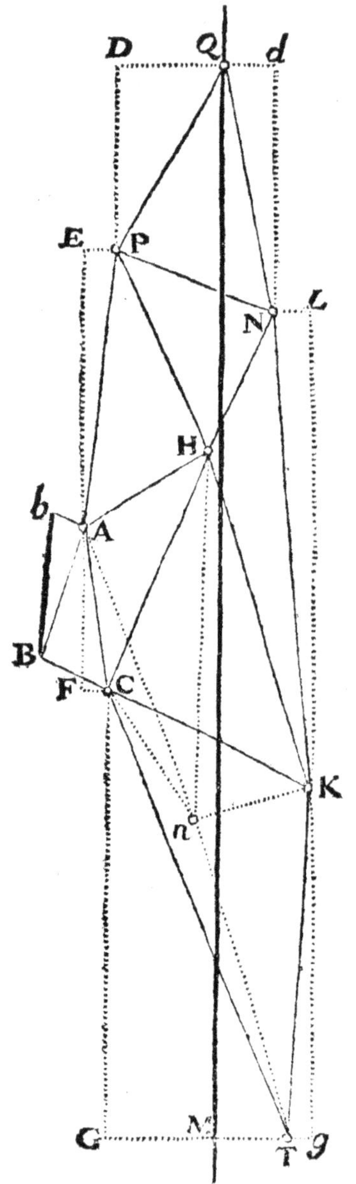

## VII.

*Examen de la position des Triangles
par rapport au Méridien.*

A Torneå l'on chercha de nouveau
la position des Triangles avec le Méridien. Ce fut en observant l'angle que
formoit avec le signal de Niwa, le Soleil
dans l'horifon, & l'heure à laquelle cela
arrivoit ; & comme on trouva par plufieurs obfervations, que l'angle que formoit la ligne *TK,* avec le Méridien de
Torneå, ne différoit que de $34''$ de celui
qui réfultoit de la fuite des Triangles
depuis Kittis, on s'en tint à la pofition
déterminée fur Kittis.

## VIII.

*Examen de l'arc du Méridien qu'on
trouveroit par d'autres fuites
de Triangles.*

Comme dans la figure *TCAPQNK,*

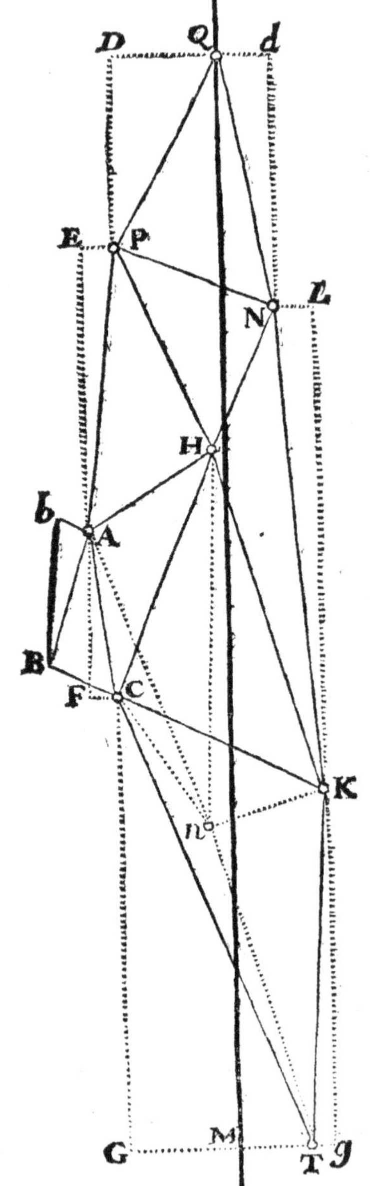

il y a plus de Triangles qu'il n'eſt néceſſaire pour déterminer la diſtance de $T$
à $Q$, nous allons voir quelles différences
produiroient ſur cette diſtance , différentes ſuites de Triangles , même en
y employant des ſuites vitieuſes par la
petiteſſe de quelques-uns de leurs angles;
d'où l'on peut conclurre les limites des
erreurs de notre meſure. Voici donc le
calcul de dix ſuites nouvelles.

### I.

Par les Triangles $TnK$, $nKC$, $CKH$, $HCA$, $AHP$, $PHN$, $NPQ$.

Partant toûjours du côté $AC$, la réſolution de ces Triangles donne pour la diſtance $QM$... 54941 Toiſes

Qui differe de la diſtance concluë par nos

deux premiéres ſuites, de . . . . . . . . . . . . . 1 $\frac{1}{2}$.

### I I.

Par les Triangles $TnK$, $KHn$, $nCH$, $HCA$, $APH$, $HNP$, $PNQ$, on a $QM$ . . . . . . . . . 54936

Qui differe de . . . . . . . . . . . . . . . . . . . 6 $\frac{1}{2}$.

### I I I.

Par les Triangles $TnK$, $KnH$, $HnA$, $ACH$, $HAP$, $PHN$, $NPQ$, on a $QM$ . . . . . . . . . 54942 $\frac{1}{2}$

Qui ne differe pas ſenſiblement.

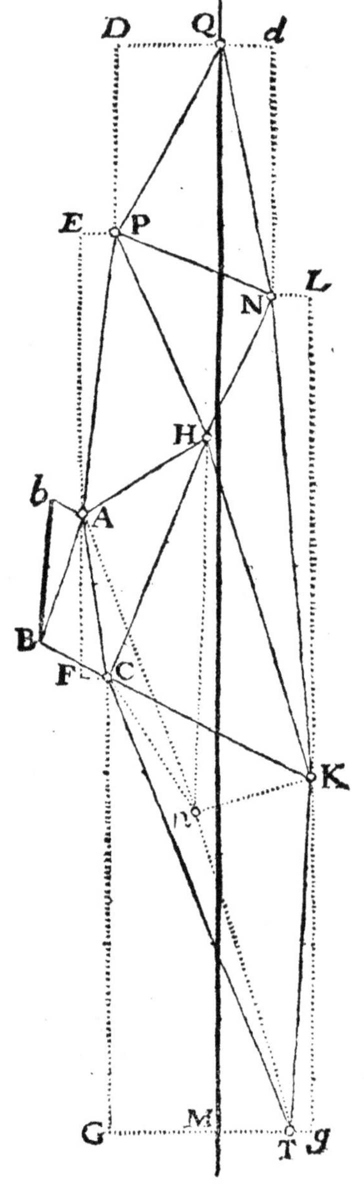

D
Q
d
E
P
L
N
H
b
A
B
F
C
K
G
M
T
g

### IV.

Par les Triangles *TnK, KCH, HnC, CHA, AHP, PHN, NPQ*, on a *QM* . . . . . . . 54943 ½ Toiſes.

Qui differe de . . . . . . . . . . . . . . . . . . 1.

### V.

Par les Triangles *TnK, KnC, CnA, ACH, HAP, PHN, NPQ*, on a *QM* . . . . . . . . 54925

Qui differe de . . . . . . . . . . . . . . . . . . 17 ½.

### VI.

Par les Triangles *TnK, KnH, HAn, nCA, AHP, PHN, NPQ*, on a *QM* . . . . . . . 54915 ½

Qui differe de . . . . . . . . . . . . . . . . . . 27.

### VII.

Par les Triangles *TnK, KnC, CAn, nHK, KHN, NHP, PNQ*, on a *QM* . . . . . . . . 54912

Qui differe de . . . . . . . . . . . . . . . . . . 30 ½.

### VIII.

Par les Triangles *TnK, KCn, nAC, CKH, HKN, NHP, PNQ*, on a *QM* . . . . . . . 54906 ½

Qui differe de . . . . . . . . . . . . . . . . . . 36.

### IX.

Par les Triangles *TnC, CnA, AnH, HAP, PHN, NPQ*, on a *QM* . . . . . . . . . . . . . 54910

Qui differe de . . . . . . . . . . . . . . . . . . 32 ½.

### X.

Par les Triangles *TnC, CAn, nCK, KnH, HKN, NHP, PNQ*, on a *QM* . . . . . . . . 54891

Qui differe de . . . . . . . . . . . . . . . . . . 51 ½.

Quoiqu'il ne ſe trouve pas entre toutes ces

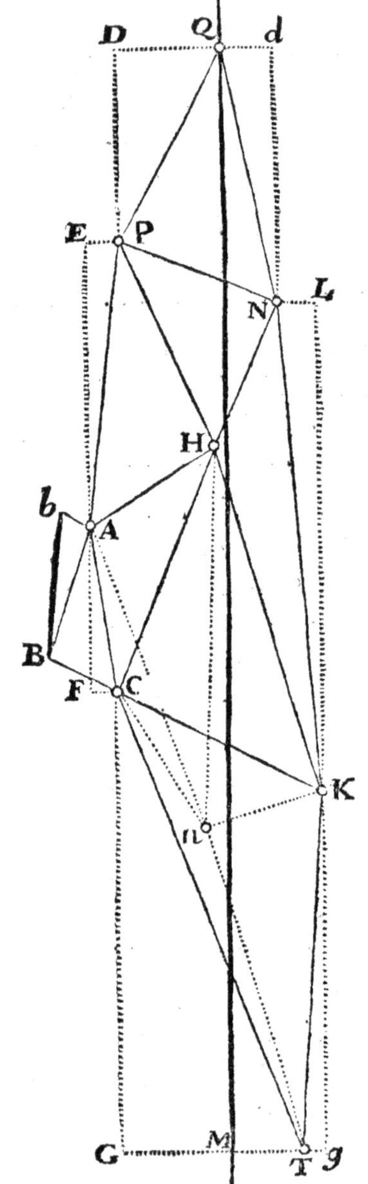

fuites, des différences bien confidérables, nous n'avons pas cru les devoir faire entrer dans la détermination de la longueur de notre arc, que nous avons faite fur deux fuites qui nous ont paru préférables aux autres.

# IX.

*Examen des Angles horifontaux par leur fomme dans le contour de l'Heptagone.*

| | | | |
|---|---|---|---|
| CTK..... | 24° | 22′ | 54,″5 |
| KCT..... | 37 | 9 | 12,0 |
| KCH..... | 100 | 9 | 56,8 |
| HCA..... | 30 | 56 | 53,4 |
| CAH..... | 112 | 21 | 48,6 |
| HAP..... | 53 | 45 | 56,7 |
| APH..... | 31 | 19 | 55,5 |
| HPN..... | 37 | 22 | 2,1 |
| NPQ..... | 87 | 52 | 24,3 |
| PQN..... | 40 | 14 | 52,7 |
| QNP..... | 51 | 53 | 4,3 |
| PNH..... | 93 | 25 | 7,5 |
| HNK..... | 27 | 11 | 53,3 |
| NKH..... | 9 | 41 | 47,7 |
| HKC..... | 43 | 45 | 35,6 |
| CKT..... | 118 | 28 | 12,0 |

SOMME....... 900° 1′ 37″, qui differe de 1′ 37″ de ce qu'elle devroit être fi la furface étoit platte, & s'il n'y avoit aucune erreur dans les obfervations; mais qui doit être réellement un peu plus grande que 900 degrés, à caufe de la courbûre de la Terre.

## X.

### *Longueur de l'arc du Méridien.*

Les lieux où nous obſervâmes les E'toiles qui devoient ſervir à déterminer l'amplitude de l'arc du Méridien compris entre Kittis & Torneå, étoient, l'un plus ſeptentrional que le point $Q$, de $3^{\text{toiſes}}$ $4^{\text{pieds}} 8^{\text{pouces}}$, l'autre plus méridional que le point $T$, de $73^{\text{toiſes}} 4^{\text{pieds}} 5\frac{1}{2}^{\text{pouces}}$; ajoûtant donc $77,52^{\text{toiſes}}$ à $QM = 54942,57^{\text{toiſes}}$, & encore $3,38^{\text{toiſes}}$, parce que les points $T$ & $Q$, ne ſont pas dans la même ligne Méridienne, on a l'arc dont nous avons déterminé l'amplitude, $= 55023,47^{\text{toiſes}}$.

## XI.

### *Amplitude de l'arc du Méridien.*

Pour déterminer l'amplitude de l'arc dont nous avions meſuré la longueur, nous nous ſervîmes d'un Inſtrument ſingulier par ſa conſtruction & par ſon excellence ; il avoit été fait à Londres ſous

les

les yeux du fameux M. Graham, qui en avoit lui-même divifé le limbe, qui n'eſt que de 5 ½ degrés ; le rayon de ce limbe eſt une Lunette de 9 pieds, fuſpenduë comme un Pendule, & que la pointe d'un Micrometre excellent, fixé contre un limbe immobile, fait mouvoir autour de ſon centre, pendant qu'une Aiguille marque ſur un cadran la quantité de ce mouvement. Nous vérifiâmes la diviſion de cet Inſtrument au Microſcope qui y eſt adapté, & nous la trouvâmes d'une exactitude qu'on auroit eu de la peine à croire. Enfin l'Inſtrument eſt tel, que rarement la différence qui ſe trouve entre une obſervation & l'autre, monte à 2 ou 3″ *.

Nous déterminâmes avec cet Inſtrument l'amplitude de notre Arc, par deux Etoiles différentes.

* La deſcription de cet Inſtrument ſe trouve dans le Livre du *Degré du Méridien entre Paris & Amiens.*

H

L'une de ces E'toiles étoit ♂ du *Dragon*, obfervée fur Kittis les 4, 5, 6, 8 & 10 Octobre 1736, & à Torneå les 1, 2, 3, 4 & 5 Novembre de la même année. Cette E'toile donna pour l'amplitude de l'Arc 57′ 25″,55, qui, corrigée pour la Préceffion des E'quinoxes, & quelque petit mouvement que M. Bradley a obfervé, fe réduit à 57′ 26″,93.

L'autre E'toile étoit *a* du *Dragon*, obfervée à Torneå les 17, 18 & 19 Mars 1737, & fur Kittis les 4, 5 & 6 Avril de la même année. Cette E'toile donna pour l'amplitude du même Arc 57′ 25″,85, qui, corrigée comme l'autre, fe réduit à 57′ 30″,42 : d'où nous conclûmes l'amplitude de l'arc du Méridien intercepté entre les Paralleles qui paffent par Kittis & Torneå, de 57′ 28″,67.

## XII.

### Degré du Méridien.

Comparant cette amplitude à la longueur de l'arc de 55023,47 toises, *le Degré du Méridien qui coupe le Cercle Polaire, est de 57438 toises.*

Voilà quelles sont les opérations que nous avons faites au Cercle Polaire. Il faut maintenant faire connoître les résultats qu'ont donnés les autres opérations de même genre, qui ont été faites dans les autres Climats.

---

## AUTRES MESURES.

ON avoit fait en différents temps, & dès les temps les plus reculés, des opérations pour déterminer la Grandeur de la Terre, par la mesure de quelque Degré du Méridien ( car dans ces temps-là on n'imaginoit pas que la Terre pût avoir

une autre figure que celle d'une Sphere)
& la mesure d'un seul de ses Degrés,
déterminoit sa circonférence & son diametre. Mais sans nous arrêter à ces premiéres mesures, toutes défectueuses par
les Instruments ou les méthodes dont on
s'étoit servi, ou du moins fort douteuses
par l'incertitude sur la grandeur des mesures par lesquelles les Auteurs les ont
évaluées, je ne citerai ici de ces opérations que celles dans lesquelles il paroît
quelqu'exactitude.

## *Mesure de M. Norvood.*

En 1633 & 1635, M. Norvood détermina l'amplitude de l'arc du Méridien
intercepté entre *Londres* & *York*, en observant les hauteurs du Soleil au Solstice
d'E'té, & trouva cette amplitude de 2°28′.

Il mesura ensuite avec des chaînes la
distance entre ces deux Villes, observant
les angles de détours, les hauteurs des

Colines, & les defcentes ; & réduifant le tout à l'arc du Méridien, il trouva 9149 chaînes pour la longueur de cet arc, qui, comparée à l'amplitude, donnoit le Degré de 3709 chaînes 5 pieds, ou de 367196 pieds Anglois, qui font 57300 de nos toifes *.

## Mefure de M. Picard.

En 1670, M. Picard mefura par des Triangles l'arc du Méridien compris entre les paralleles de *Malvoifine* & d'*Amiens*, & déterminant la longueur de cet arc par deux bafes mefurées à la perche vers les deux extrémités, il le trouva de 78850 toifes. Il détermina enfuite l'amplitude de cet arc par les obfervations de l'Étoile du *Genou de Caffiopée :* & ayant trouvé cette amplitude de 1° 22′ 55″, il en conclut le Degré de 57060 toifes *.

* *The Seaman's practice by Richard Norvood.*
* *Mefure de la Terre, par M. l'Abbé Picard.*

H iij

## Mesure de M. Caſſini.

En 1718, M. Caſſini donna le réſultat de toutes les opérations que, tant lui, que M. Dominique Caſſini ſon Pere, avoient faites pour déterminer la longueur des degrés.

Ils avoient partagé le Méridien de la France en deux arcs qu'ils avoient meſurés ſéparément ; l'un de *Paris* à *Collioure*, dont la longueur étoit de 360614 toiſes, & l'amplitude de 6° 18′ 57″, déterminée par l'Etoile de *la Chevre*, leur avoit donné le Degré de 57097 toiſes.

L'autre de *Paris* à *Dunkerque*, dont la longueur étoit de 125454 toiſes, & l'amplitude de 2° 12′ 9″ 30‴, déterminée par l'Etoile γ du *Dragon*, leur avoit donné le Degré de 56960 toiſes.

Enfin la meſure de l'arc entier terminé par les Paralleles qui paſſent par *Collioure* & *Dunkerque*, dont la longueur étoit de 486156 toises, & l'amplitude de 8° 31′ 11″ $\frac{5}{6}$, leur donnoit le Degré moyen de cet arc, de 57061 toises, presque égal à celui de M. Picard.

C'étoit cette différence entre les Degrés mesurés vers le Nord, qu'ils trouverent plus petits que ceux qu'ils avoient mesurés vers le Midi, qui leur fit conclurre que la Terre avoit une figure toute opposée à celle que nos observations lui donnent, & étoit un Ellipsoïde allongé vers les Poles, dont l'axe surpassoit le diametre de l'Équateur, d'environ $\frac{1}{100}$*.

## *Mesure de M. Musschenbroek.*

Snellius avoit autrefois donné une Mesure du Degré fort défectueuse, M. Musschenbroek ayant corrigé cette Mesure, tant par ses propres observations, que par celles de Snellius même, a

* *Traité de la Grand. & Fig. de la Terre, de M. Cassini.*

H iiij

trouvé le Degré entre *Alcmaar* & *Ber-gopſom*, de 57033 de nos toiſes*.

## CORRECTION DE LA MESURE de M. Picard.

APrès notre retour de Lapponie, nous flatant d'avoir un Inſtrument fort ſupérieur à celui avec lequel M. Picard avoit déterminé l'amplitude de ſon arc ; nous fiant d'ailleurs à ſes Triangles, & penſant que pour la comparaiſon des Degrés du Méridien meſurés en différents lieux, il étoit fort important que l'amplitude de ces Degrés fût déterminée avec un même Inſtrument, nous voulûmes déterminer l'amplitude du Degré de M. Picard, avec le même Secteur dont nous nous étions ſervis au Cercle Polaire.

Pour cela, nous prîmes ſur l'arc meſuré par M. Picard entre *Malvoiſine* & *Amiens*,

* *Muſſchenbroek, Diſſert. de magnit. Terræ.*

la partie terminée par les deux E'glifes de Notre-Dame, d'*Amiens* & de *Paris*.

Il feroit difficile dans toute l'Europe de mefurer un arc du Méridien terminé par deux Monuments plus beaux & plus durables que les deux E'glifes qui terminent celui-ci ; & ces deux monuments que le hazard a placés fi exactement fur le même Méridien, qu'ils ne different en longitude que d'un arc de 3′, dont l'églife de *Paris* eft plus orientale que celle d'*Amiens,* paroiffoient deftinés à être les termes d'une telle Mefure. Nous prîmes la diftance entre ces deux églifes, telle que M. Picard l'a donnée, de 59530 toifes.

Nous cherchâmes enfuite par deux E'toiles différentes, quelle étoit l'amplitude qui répondoit à l'arc terminé par ces deux monuments. L'une de ces E'toiles étoit *α* de *Perfée ;* l'autre fut *γ* du *Dragon :* & après plufieurs obfervations de ces deux E'toiles, qui s'accordoient fort entr'elles, & auxquelles nous fîmes les corrections néceſſaires pour la Préceſſion des Équinoxes & pour l'Aberration, nous trouvâmes pour l'amplitude de l'arc, 1° 2′ 28″; d'où nous conclûmes que le Degré du Méridien entre *Paris* & *Amiens*, étoit de 57183 toiſes *.

## FIGURE DE LA TERRE.

CE Degré de 57183 toiſes, dont le milieu répond à la latitude de 49° 22′, comparé à celui de 57438, que nous avons meſuré à la latitude de 66° 20′, donne à la Terre la figure d'un Sphéroïde applati dont le diametre de l'Équateur ſurpaſſe l'axe d'environ $\frac{1}{178}$.

* *Degré du Méridien entre Paris & Amiens.*

# EXTRAIT DES EXPÉRIENCES

*Qui ont été faites pour la Mesure de la Pesanteur.*

## MESURE DE LA PESANTEUR
### dans la Zone Glacée.

L'INSTRUMENT dont nous nous servîmes pour connoître le rapport de la Pesanteur à *Paris*, à la Pesanteur à *Pello*, est une Pendule d'une construction particuliére, de l'invention de M. Graham, qui est destinée pour ces sortes d'expériences.

Le pendule est composé d'une pesante lentille qui tient à une verge platte de cuivre : cette verge est terminée en enhaut par une piéce d'acier qui lui est perpendiculaire, & dont les extrémités font deux couteaux qui portent sur deux tablettes planes d'acier, fituées toutes deux dans le même plan horifontal. On eft affûré de la fituation de ce plan, lorfqu'une pointe qui fait l'extrémité de la verge du pendule, répond au milieu d'un limbe dans le plan duquel elle doit fe trouver; & ce limbe fert à mefurer les arcs que décrit le pendule.

Tout l'inftrument eft renfermé dans une boîte très-folide; & lorfqu'on le tranfporte, on éleve le pendule avec une vis, par le moyen d'un chaffis mobile, de maniére que le tranchant des couteaux ne porte plus fur rien, & eft tout en l'air, quoique la piéce d'acier qui forme les couteaux fe trouve alors appuyée au défaut de leur tranchant. On a attaché au-dedans de la boîte une piéce de bois creufée pour recevoir la lentille, & cette piéce après que la lentille y a été mife, eft recouverte d'une autre qui s'y applique avec des vis, de maniére que ni la lentille ni la verge ne peuvent avoir aucun mouvement ; la feule liberté qu'ait la verge du pendule, c'eft de s'allonger ou de s'accourcir felon le chaud ou le froid, rien ne la gêne à cet égard. Enfin on a attaché au-dedans de la boîte un Thermometre par le moyen duquel on peut connoître quel retardement tel & tel degré de chaleur caufe au pendule, & en tenir compte dans les obfervations ; ou bien par lequel on peut (comme nous avons fait) s'affûrer que l'Inftrument eft expofé à la même température dans les dif-férents lieux où fe font les obfervations.

Avec le poids ordinaire, le pendule décrivoit des arcs de 4° 20′ ; avec la moitié de ce poids, il décrivoit des arcs de 3° 0′ : & ces grandes différences dans les poids & dans les arcs, ne caufoient dans la marche du pendule, qu'une diffé-rence de 3″ ou 4″ par jour dont il alloit plus vîte en décrivant les petits arcs.

On voit par-là combien cet Inſtrument eſt peu ſenſible aux différences dans les poids, & dans les arcs : & combien on peut compter que ſon accélération d'un lieu dans un autre, ne vient que de l'augmentation de la Peſanteur, ou du froid qui raccourcit la verge du pendule.

Ayant tenu cet Inſtrument à *Pello*, & enſuite à *Paris*, préciſément au même degré de chaleur ; & les oſcillations ayant été à fort peu près les mêmes, nous obſervâmes à *Pello* par les paſſages de l'E'toile *Regulus* au fil vertical d'une Lunette fixe, & à *Paris* par les paſſages de l'E'toile *Sirius*, que le pendule retardoit de *Pello* à *Paris*, de 59" pendant chaque révolution des E'toiles fixes.

Nous conclûmes de-là que la Peſanteur à *Paris* eſt à la Peſanteur à *Pello*, comme 100000 à 100137.

Le même Inſtrument avoit été éprouvé par M. Graham à *Londres*, avant que

de nous être envoyé ; & ayant été tenu
à *Londres* & à *Paris*, à une même température, & y ayant fait les mêmes ofcillations, il avoit retardé de *Londres* à *Paris*,
de 7,"7 pendant chaque révolution des
Etoiles fixes ; d'où nous conclûmes que
la Pefanteur à *Paris* eft à la Pefanteur à
*Londres*, comme 100000 à 100018.

---

# *AUTRES EXPE'RIENCES*
## *pour la Mefure de la Pefanteur.*

**M.** Richer eft celui à qui l'on doit cette
fameufe découverte de la diminution de la Pefanteur vers l'E'quateur. Ayant remarqué ce
phénomene à *Cayenne* en 1672, par le retardement de fon Horloge, il trouva que la longueur du Pendule à fecondes dans cette Ifle,
étoit plus courte de 1 ligne$\frac{1}{4}$ qu'à *Paris*, où elle
eft felon fa Mefure, de 36 pouces 8 lignes$\frac{3}{5}$,

Lignes.

ou de . . . . . . . . . . . . . . . . . . . 440$\frac{3}{5}$. *

A *Paris*, M.ʳˢ Varin, Deshayes, & de Glos,

* *Anciens Mém. de l'Acad. Tome VII.*

ont trouvé la longueur du Pendule à secondes,

Lignes.

de . . . . . . . . . . . . . . . . . . 440 $\frac{5}{9}$. [a]

M. Godin, de . . . . . . . . . . . 440 $\frac{5}{9}$. [b]

M. de Mairan, par un grand nombre
d'expériences faites avec grand soin,
la trouva de . . . . . . . . . . . . . . 440 $\frac{17}{30}$. [c]

M. Picard la trouva de . . . . . . . 440 $\frac{1}{2}$. [d]
& la trouva la même dans l'*Isle de Huene*,
à *Lyon*, à *Bayonne* & à *Sete*.

Toutes ces Mesures du Pendule à secondes à *Paris*, different si peu les unes
des autres, qu'on peut plûtôt s'étonner de
cette exactitude, qu'espérer de parvenir
à une exactitude plus grande.

A *Archangel*, à la latitude de 64° 34′, M.
de la Croyere a trouvé la longueur du Pendule,

Lignes.

de . . . . . . . . . . . . . . . . . . . . 440 $\frac{13}{20}$. [e]
en la supposant à *Paris*, de 440 $\frac{1}{2}$.

Au *Caire* en Egypte, à 30° 2′ de latitude,

[a] *Anciens Mém. de l'Acad. Tome VII.*
[b] *Mém. de l'Acad. 1735.*
[c] *Ibidem.*
[d] *Anciens Mém. de l'Acad. Tome VII.*
[e] *Acad. Petrop. Comment. Tom. IV.*

M. de Chazelles

Lignes.

M. de Chazelles l'a trouvée de . . . . $440\frac{1}{4}$ [a].

Au *Cap* dans l'Isle de S.ᵗ Domingue, à 19° 48′ de latitude, M. Deshayes l'a trouvée de. . . . . . . . . . . . 439. [b]

Au *Petit-Goave* dans l'Isle de S.ᵗ Domingue, à 18° 27′ de latitude, M. Godin l'a trouvée de . . . . . . . $439\frac{3}{8}$ [c]
M. Bouguer, de . . . . . . . . . . $439\frac{1}{3}$.
M. de la Condamine, de . . . . . . . $439\frac{7}{30}$.

A *Blackriver* dans la Jamaïque, à 18° de latitude, M. Campbell, avec un Instrument semblable au nôtre, a trouvé que le Pendule transporté de *Londres*, retardoit de 1′ 58″ pendant chaque révolution des E'toiles fixes. [d]

Dans l'Isle de *S.ᵗ Christophe*, à 17° 19′ de latitude, M. Deshayes l'a trouvée de . . . . . . . . . . . . . . . $438\frac{3}{4}$ [e]

A *la Guadeloupe*, à 16° de latit. M.ʳˢ Varin, Deshayes & de Glos, de $438\frac{1}{2}$ [f]

---

[a] *Transact. Philos. traduites par M. de Bremond.*
[b] *Mém. de l'Acad. 1701.*
[c] *Mém. de l'Acad. 1735.*
[d] *Transact. Philos. traduites par M. de Bremond.*
[e] *Mém. de l'Acad. 1701.*
[f] *Anciens Mém. de l'Acad. Tome VII.*

I

A *S.<sup>t</sup> Pierre* dans la Martinique, à 14° 44′ de latitude, M. Deshayes la trouva

Lignes.

de . . . . . . . . . . . . . . . . . . 438 ½.ᵃ

A *Gorée*, à 14° 40′ de latitude, M.<sup>rs</sup> Varin, Deshayes & de Glos, de  438 5/9.ᵇ

A *Porto-Belo*, à 9° 33′ de latitude, M. Godin, de . . . . . . . . . . . . . . 439 7/89.ᶜ

M. Bouguer, de . . . . . . . . . . . 439 7/90.

A *Panama*, à 8° 35′ de latitude, M.<sup>rs</sup> Godin, Bouguer, & de la Condamine, de . . . . . . . . . . . . 439 1/5.ᵈ

A *Cayenne*, à 4° 56′ de latitude, M. Deshayes l'a trouvée d'un peu moins que . . . . . . . . . . . . . . . 438 ½.ᵉ

A *Punta-Palmar*, à 2′ de latitude méridionale, M. de la Condamine, de 438,96.ᶠ

A *Riojama*, à 9′ de latitude mérid. M. Bouguer, de . . . . . . . . . . . . 438,82.ᵍ

M. de la Condamine, de . . . . . . . 438,93.

ᵃ *Mém. de l'Acad. 1701.*

ᵇ *Anciens Mém. de l'Acad. Tome VII.*

ᶜ *Transact. Philos. traduites par M. de Bremond.*

ᵈ *Ibidem.*

ᵉ *Mém. de l'Acad. 1701.*

ᶠ *Transact. Philos. traduites par M. de Bremond.*

ᵍ *Ibidem.*

A *Quito*, à 25′ de latitude méridionale,

Lignes.

M. Bouguer, de . . . . . . . . . . . . 438,82.*
M. de la Condamine, de . . . . . . 438,84.

Comme ces expériences ont été faites par différentes méthodes, les uns ayant cherché les rapports de la Pesanteur par les longueurs du Pendule isochrone dans les différents lieux, les autres par l'accélération ou le retardement d'un Pendule invariable, transporté dans des lieux différents ; pour réduire ces expériences à leur objet, j'ai formé la Table suivante des différents poids d'une même quantité de matiére, dans les lieux où les expériences ont été faites ; observant dans la construction de cette Table, de ne déterminer ces poids que par les expériences qui ont été faites en différents lieux par les mêmes Observateurs, ou avec les mêmes Instruments ; parce que les mêmes Instruments & la même maniére de s'en

* *Transact. Philos. traduites par M. de Bremond.*

I ij

fervir, rendent plus fûre la comparaifon des expériences. Enfin j'ai négligé tota-lement quelques expériences qu'on trouve dans la Carte que M. de Bremond a in-férée dans fa traduction des Tranfactions Philofophiques de l'année 1734, parce que ces expériences s'écartoient tant des autres, ou étoient fi indécifes dans les Auteurs qui les ont rapportées, qu'elles m'ont paru juftement fufpectes.

*TABLE des différents Poids d'une même quantité de matiére dans différents lieux de la Terre.*

| NOMS DES LIEUX. | LATITUDE. | POIDS. | OBSERVATEURS. |
|---|---|---|---|
| A Pello. . . . | 66° 48' | 100137 | M.rs Clairaut, Camus, le Monnier, & moi. |
| A Londres. . . | 51 31 | 100018 | M. Graham. |
| A Paris. . . . | 48 50 | 100000 | Tous les Observateurs. |
| A S.t Domingue | 19 48 | 99647 | M. Deshayes. |
| A S.t Domingue | 18 27 | 99732 | M. Godin. |
| A la Jamaïque. | 18 0 | 99744 | M. Campbell. |
| A S.t Christophe. | 17 19 | 99590 | M. Deshayes. |
| A la Guadeloupe | 16 0 | 99533 | M.rs Varin, Deshayes, & de Glos. |
| A la Martinique | 14 44 | 99533 | M. Deshayes. |
| A Gorée. . . . | 14 40 | 99546 | M.rs Varin, Deshayes, & de Glos. |
| A Porto-Belo.. | 9 33 | 99665 | M. Godin. |
| A Cayenne. . . | 4 56 | 99716 | M. Richer. |
| | moins que | 99533 | M. Deshayes. |

*FIN.*

www.ingramcontent.com/pod-product-compliance
Lightning Source LLC
LaVergne TN
LVHW011436180726
843503LV00002BA/468